LOWEST BUDGET

Thomas Drexel

LOWEST BUDGET

Neue Häuser unter 185.000 Euro

Deutsche Verlags-Anstalt

INHALT

EINLEITUNG

Wer sich an die Vorbereitung seines eigenen Bauprojekts macht, ist mit unterschiedlichsten Vorstellungen, Wünschen und Erfordernissen konfrontiert. Ganz vorn steht sicherlich meist der Wunsch nach einer hohen Qualität der Architektur und der Innenräume, aber auch, zumindest gleichberechtigt, die Notwendigkeit, ein bestimmtes Budget einzuhalten. Ist die zur Verfügung stehende Gesamtsumme sehr begrenzt oder ist man einfach nicht bereit, für das Haus mehr als nötig auszugeben, stellt sich immer die Frage nach der optimalen Verbindung von Ästhetik und Kosten, also: „Wie bekomme ich hochwertige Architektur zum kleinen Preis?". Genau diese Frage beantwortet das Buch anhand von 20 architektonisch vorbildlichen Wohnhäusern, deren Gesamtkosten, also einschließlich Honoraren, Nebenkosten und Steuern, allesamt unter 185.000 Euro lagen und bei denen die inneren und äußeren gestalterischen Qualitäten nicht auf der Strecke blieben.

Häuser mit Anspruch: Günstig statt billig

Die meisten der im Buch vorgestellten Häuser sind geeignet für kleine Familien mit ein bis zwei Kindern; einige wurden für Paare oder für Singles erbaut. Neben geradlinigen Kuben mit Flachdach gibt es Häuser mit Spitzdach oder auch hoch komfortable, altersgerechte Bungalows sowie Projekte mit innovativem Charakter.

Die Einhaltung des Budgets wurde in allen Fällen über die Minimierung der Wohnfläche, des Raumvolumens und der Baumassen erreicht. Meist kamen aber eine Reihe weiterer Maßnahmen hinzu, so die Vermeidung komplizierter Konstruktionen, der Verzicht auf High-End-Ausbau, die Planung in Bezug auf Eigenleistung und die gezielte Suche nach günstigen Baumaterialien.

Kompaktheit als Sparmaßnahme

Dieses Buch versammelt ausnahmslos Häuser, die sich durch ihre bauliche Kompaktheit auszeichnen, wobei die Bandbreite von unter 20 bis über 130 Quadratmeter Wohnfläche reicht. Was aber macht ein Gebäude kompakt? Zunächst einmal eine Wohnfläche und ein Raumprogramm, die sich auf das Wesentliche beschränken. Dazu ist immer zu hinterfragen, was wirklich sein muss und was zwar wünschenswert, aber verzichtbar ist – stets bezogen auf die individuellen Voraussetzungen. Am günstigsten ist – sowohl hinsichtlich der Bau- als auch der Betriebskosten – meist eine annähernd würfelförmige beziehungsweise kubische Grundform, also ein zwei- oder dreigeschossiges Gebäude mit Flachdach. Hier ist das Verhältnis der Außenoberflächen zum Raumvolumen besonders gut, Fundamentierungsarbeiten fallen wenig ins Gewicht und der Baufortschritt verläuft zügig. Aber, wie an vielen Projekten dieses Bands zu sehen ist, kann auch mit anderen Dachformen und in eingeschossiger Bauweise extrem kostensparend gebaut werden. Letztendlich kommt es immer auf den Einzelfall an.

Ebenso verhält es sich mit der gewählten Bauweise: Kennt der Architekt, die Architektin ein Bauunternehmen, das günstig, gut und schnell arbeitet, so wird in der Regel dessen bevorzugte Technik zur Anwendung kommen, beispielsweise Ziegelmassivbau. In einem anderen Fall, etwa wenn der Bauherr Zimmermann oder Schreiner ist, wird die Entscheidung eher auf einen Holzbau fallen, da dann leichter Eigenleistungen eingebracht werden können. In einem solchen Fall und wenn das Bauholz günstig bezogen werden kann, ist eventuell sogar ein Holzmassivbau sinnvoll, der ansonsten preislich deutlich über den Alternativen der Holzständer- oder Holztafelbauweise rangiert.

Raumprogramm mit Augenmaß

Kostengünstiges und kompaktes Bauen verträgt sich sehr wohl mit anspruchsvoller Architektur, nicht aber mit fehlender Selbstbescheidung bei der Aufstellung des Raumprogramms. Darin, die diesbezüglichen Wünsche mit dem Machbaren abzugleichen, besteht die zentrale gemeinsame Aufgabe von Bauherr und Planer. Dies gilt hinsichtlich der Anzahl wie der Größe der einzelnen Bereiche. So ist in einem Zwei-Personen-Haushalt ein zweites WC bei knappem Budget sicherlich unnötig, bei vier Personen aber durchaus sinnvoll. Für Wohnen, Essen und Kochen insgesamt genügen 35 bis 40 Quadratmeter, wenn sie zusammenhängend und durchgängig gestaltet sind. Ein Elternschlafzimmer braucht nicht mehr als zehn bis elf Quadratmeter, eher darf das Kinderzimmer ein wenig größer sein. Auch mit einem Bad von sechs bis sieben Quadratmetern lässt es sich bestens leben, Anspruchsvolle ergänzen mit drei Quadratmetern mehr noch eine einfache Sauna und lassen dafür den Ankleideraum weg. Diese Liste ließe sich beliebig fortsetzen; jeder Bauherr muss vor der eigentlichen Planungsphase entscheiden, was ihm besonders und was weniger wichtig ist. Stets sollte aber die Prämisse lauten, jeden zusätzlichen Quadratmeter an anderer Stelle wieder einzusparen, um die Kostenkalkulation nicht zu gefährden.

Grundriss und Raumstrukturen sind so zu gestalten, dass kein Platz für reine Bewegungs- und Erschließungsflächen (z.B. Treppen, Flure) verschenkt wird, sondern diese in den Wohnraum einbezogen werden. Treppen müssen raumsparend angeordnet und von ihren Abmessungen her nicht großzügiger dimensioniert sein, als es die baurechtlichen Bestimmungen erfordern.

Die Suche nach dem richtigen Planer

Oft führt Bauherren ihr Weg zunächst einmal zu Bauträgern oder Fertighausanbietern – teils vielleicht auch abgeschreckt durch Medienberichte, wohlmeinende Freunde oder Bekannte, die von schlechten Erfahrungen mit Architekten erzählen. In der Realität entstehen jedoch viel mehr schwerwiegende bauliche und finanzielle Probleme durch Verträge mit Hausanbietern. Auch, wenn es hier viele renommierte und seriöse Unternehmen gibt (siehe dazu die beiden Projekte auf den Seiten 90–101), ist es für den Laien schwierig, die Spreu vom Weizen zu trennen. Die Erfahrung lehrt, dass sich in vielen Fällen Verträge mit vordergründig günstigen Gesamtkosten am Ende als recht teuer erweisen – sei es, dass sich im Kleingedruckten diverse kostenintensive Leistungen versteckt hatten, dass Leistungen in unzureichender Qualität erbracht und zudem Mängel nicht beseitigt werden oder dass nach Vertragsabschluss vorgenommene Änderungen am Konzept von den Bauherren teuer bezahlt werden müssen. In aller Regel gilt die Empfehlung, sich nach einem/einer kompetenten und engagierten Architekten/Architektin umzusehen, der/die Erfahrung, zumindest aber Kompetenz für das Low-Budget-Bauen mitbringt. Für solche Planer mit Begeisterung, Ideen und Budgettreue finden sich in diesem Buch viele vorbildhafte Beispiele. Da nicht in jeder Kleinstadt ein guter Low-Budget-Planer zu finden ist, kann man im Ausnahmefall auch mit einem etwas weiter entfernten Architekten arbeiten und eine örtliche Bauleitung beauftragen. Allerdings erfordert gerade das kostengünstige Bauen eine besonders intensive Präsenz vor Ort.

Natürlich, dies soll hier nicht verschwiegen werden, sind auch nicht alle Architekten am Thema des günstigen Bauens interessiert, verspricht es doch erst einmal einen erhöhten Arbeitsaufwand, der nicht immer abgerechnet werden kann. Allerdings gibt es durchaus Möglichkeiten, die die diesbezüglichen Interessen der Bauherren mit denen der Architekten verbinden; beispielsweise kann man vereinbaren, bei Unterschreitung des angesetzten Budgets ein Zusatzhonorar zu zahlen. Dies spart den Bauherren Geld und belohnt gleichzeitig den planerischen Mehraufwand. Abgesehen davon gilt es aber vor allem, einen Planer zu finden, der sich mit seiner ganzen Energie der Vermeidung unnötiger Kosten widmet, ohne dabei die Qualität der Architektur aus den Augen zu verlieren. Er sollte den Bauherren in allen Phasen der Planung ehrlich sagen, wie viel Haus sie für wie viel Geld erwarten können und wo etwas eingespart werden kann. Kennt man von Freunden oder Bekannten einen Architekten in der eigenen Region, der hinsichtlich Kostenkontrolle und Engagement gute Referenzen vorweisen kann, ist dies schon ein guter Hinweis. Grundsätzlich werden eher kleinere Büros infrage kommen, da große Büros oft eine ganz andere Kostenkalkulation haben (müssen) und sich primär mit Großprojekten beschäftigen.

Günstig bauen als Gemeinschaftswerk

So wertvoll ein kompetenter Low-Budget-Architekt ist, so ist dies doch eine zwar notwendige, jedoch keine hinreichende Bedingung für den Sparerfolg, denn günstiges Bauen mit Niveau erfordert auch eine hohe Disziplin vonseiten der Bauherren. Es funktioniert nicht, mit einem feststehenden Konzept, Raumprogramm und Wunschkatalog zum Architekten zu gehen, der es dann zu besonders günstigen Kosten verwirklichen soll. Vielmehr ist Low-Budget-Bauen eine Gemeinschaftsaufgabe, die zu gleichen Teilen vom Planer und von der Bauherrschaft ernst genommen werden muss. Es ist völlig klar, dass Bauherren zunächst bestimmte Vorstellungen mitbringen, aber sie sollten den Argumenten des Architekten zugänglich sein und ihre Wünsche kritisch hinterfragen. Gerade dann, wenn wie bei den Projekten in diesem Buch außerordentlich günstig gebaut wird, wird man sich von einigen Vorstellungen verabschieden müssen. So ist etwa ein Raumprogramm von 200 Quadratmetern mit einem Budget von 185.000 Euro bei den heutigen Baupreisen schlicht nicht realisierbar, auch nicht mit dem besten Architekten.

Planung ist der ganze Erfolg

So wichtig das Können des Architekten, die Spardisziplin der Bauherren und das gute Verhältnis zwischen ihnen sind, so zentral ist auch die Bedeutung des Planungsprozesses insgesamt. Der Kostenrahmen kann nur dann gehalten werden, wenn alles von Anfang an bis ins Detail durchdacht ist. Der Architekten muss das Haus optimal auf die baulichen und finanziellen Voraussetzungen abstimmen und zu geringstmöglichen Kosten planen. Attraktive Sichtbeziehungen sollte man betonen, unattraktive ausblenden. Um die passive Nutzung der Sonnenenergie zu ermöglichen, was ja auch Heizkosten im täglichen Betrieb einspart, sollten große Glasflächen nach Süden eingeplant werden; auf den sonnenabgewandten Seiten sind dagegen wenige, kleinteilige Öffnungen sinnvoll, die die Wärmeverluste minimieren. Auf unnötige Bauteile wie ausladende Dachüberstände, Vordächer, Balkone etc. sollte man verzichten, komplizierte Formen vermeiden und Bauteile vereinheitlichen, um neben den Baumassen auch den Arbeitsaufwand zu verringern Denn die Begrenzung von Arbeitskosten ist neben der

Beschränkung des Wohnraums das wichtigste Mittel zur Kostenvermeidung.

Des Weiteren spielt die bewusste Auswahl der Konstruktionen, beispielsweise mit möglichst geringen Materialquerschnitten, unkomplizierten Dachtragwerken (z.B. keine Walm- oder Mansarddächer) und einfachen konstruktiven Verbindungen eine wichtige Rolle. Und zuletzt kommt auch der Auswahl der Bauprodukte und des Ausbaustandards große Bedeutung zu. Stellen Bauherren keine großen Ansprüche an den Bodenbelag, kann man sich etwa auf OSB-Platten beschränken, was die Endausbaustufe einspart. Betonwände müssen keine Sichtbetonqualität aufweisen und Estrichböden nicht auf edelste Weise endbehandelt sein. Haustechnische Leitungen können in einem Strang ins Obergeschoss geführt, die Zahl der Steckdosen auf ein notwendiges Mindestmaß begrenzt werden. Bodenbeläge und Sanitärausstattung sind immer auch als Sonderposten erhältlich oder als qualitativ gleichwertige 1B-Ware. Die Auflistung ließe sich lange fortsetzen, zeigt aber schon, welch komplexe Überlegungen der eigentlichen Entwurfsplanung vorausgehen müssen, denn im Grunde müssen all diese Punkte schon vor der Baueingabe geklärt sein.

Um einen kohärenten und strukturierten Ablauf zu gewährleisten, sollte der Architekt zu einem möglichst frühen Zeitpunkt beigezogen werden, wenn noch keine unwiderruflichen Entscheidungen getroffen sind – am besten sogar schon vor dem Kauf des Grundstücks, denn dann lässt sich gemeinsam beurteilen, ob die Parzelle für das Vorhaben geeignet oder ob sie problematisch ist. Beispielsweise kann die Lage an einem steilen Hang oder in felsigem Gelände teils hohe Mehrkosten für Fundamentierungsarbeiten verursachen, ein nasser Baugrund erfordert kostspielige Abdichtungsmaßnahmen. Die Ausrichtung wirkt sich auf die Besonnung und auch auf das Energiekonzept aus, fehlende oder unsichere Erschließungsverhältnisse (Straße/Fußweg, Strom, Wasser/Abwasser etc.) können unvorhergesehene Kosten nach sich ziehen. Ein sehr ungünstiger Zuschnitt, beispielsweise schlauchförmig oder sehr unregelmäßig, kann eine vernünftige Planung erschweren oder unmöglich machen.

Die nebenstehende Aufstellung gibt eine Übersicht über alle Aspekte, die für einen kohärenten Planungsprozess von Bedeutung sind.

PLANUNG MIT KONZEPT – DEN HAUSBAU AUF DEN RICHTIGEN WEG BRINGEN

- Ganzheitliche Planung – von der Grundstücksauswahl bis zum Einzugstermin
- Frühzeitige Klärung der Bebaubarkeit und Erschließungssituation des Grundstücks (vor dem Kauf)
- Frühzeitige Beiziehung eines Bausachverständigen/Architekten, um spätere Bau- und Kostenprobleme zu vermeiden
- Detaillierte und ehrliche Bestandsaufnahme der eigenen finanziellen Möglichkeiten (ohne zu positive Zukunftsprojektionen)
- Formulierung einer verbindlichen Kostenobergrenze (Gesamtkosten brutto) mit Einplanung eines ausreichenden Sicherheitsbehalts
- Erstellung einer Wunschliste, aus der zusammen mit dem Planer alle verzichtbaren Elemente eliminiert werden
- Aufstellung eines Finanzierungsplans
- Abschluss eines Kreditvertrags mit bestmöglichen Konditionen, unter Einschluss aller verfügbaren Fördermöglichkeiten
- Spätestens jetzt Beauftragung eines kompetenten Architekten mit der Entwurfsplanung, Kostenermittlung und am besten auch mit der Bauleitung
- Überprüfung des Konzepts auf Umsetzbarkeit und Finanzierbarkeit vor der Baueingabe, ggf. Korrektur
- Vermeidung zusätzlicher Wünsche nach Fertigstellung der Bau- und Finanzierungsplanung

Sparsam bauen auf kleiner Parzelle

Neben den oben genannten Voraussetzungen für gute Bebaubarkeit ohne außergewöhnliche Mehrkosten gilt es grundsätzlich zu prüfen, wie groß das Bauland überhaupt sein muss und kann. Als Faustregel lässt sich sagen, dass vom Gesamtbudget auf keinen Fall mehr als ein Drittel für den Baugrund ausgegeben werden sollte, besser nur ein Viertel. Der Bauprozess hält auch bei optimaler Planung immer Überraschungen bereit, für die auch am Ende der Maßnahme noch Geld übrig sein sollte; hat man aber bereits für den Grundstückserwerb zu viel ausgegeben, lässt sich dies natürlich nicht mehr korrigieren, während beispielsweise Pflaster- und Gartenarbeiten nötigenfalls auf einen späteren Zeitpunkt verlegt werden können.

Grundsätzlich lassen sich die Grundstückskosten über die Wahl der Lage steuern; im ländlichen Bereich, abseits von hochpreisigen Ballungsräumen, sind Immobilienpreise meist deutlich niedriger als in Städten mit hoher Baulandnachfrage. Hier sollte sich aber jeder Bauherr vorab eingehend fragen, ob eine ungünstige Lage mit entsprechend eingeschränkter Anbindung an den öffentlichen Personennahverkehr am Ende nicht eher mehr als weniger Finanzmittel (etwa für die Anschaffung eines zweiten Autos) erfordert und die Lebensqualität nicht über Gebühr schmälert. Empfehlenswert ist eher die Wahl eines möglichst kleinen Grundstücks in Stadtnähe, das durch einen gut dimensionierten Baukörper optimal ausgenutzt wird.

Für den Bau eines kompakten Hauses reicht oft auch ein Restgrundstück, das – soweit es den baulichen Anforderungen genügt – gegebenenfalls günstiger zu bekommen ist. Eventuelle preismindernde Nachteile wie laute Straßen oder lärm- beziehungsweise schadstoffemittierende Betriebe müssen im Vorfeld jedoch genau geprüft werden. Eine gute und sehr günstige Möglichkeit, an eine kleine Parzelle zu kommen, bietet sich oft dann, wenn ein im Familienbesitz befindliches Grundstück einen großen Garten aufweist und dieser mit einem weiteren Wohnhaus bebaut werden darf. Angesichts des immer knapper werdenden Angebots an Einfamilienhaus-Grundstücken sollte man auch Ausschau nach bebauten Grundstücken halten, die zum Verkauf kommen. Gegebenenfalls gelingt es, so frühzeitig Kontakt mit den Eigentümern anzubahnen, dass die Immobilie gar nicht in den freien Verkauf gelangt und man als erster zum Zuge kommt. Werden attraktive große Baugrundstücke angeboten, lohnt sich – ein sehr gutes Vertrauensverhältnis vorausgesetzt – die Überlegung, gemeinsam mit Verwandten, Freunden und Bekannten zu planen und zu bauen.

Kaufen und finanzieren

Wenn mit den Verkäufern Einigkeit über den Kauf der Immobilie beziehungsweise der Parzelle erzielt worden ist, kommt es zum Abschluss des notariellen Kaufvertrags. Hier wird das Prozedere im Idealfall so aussehen, dass die Parteien bei einem gemeinsamen Treffen die Vertragsinhalte im Detail klären. Der so erstellte Entwurf sollte Käufer und Verkäufer rechtzeitig vor dem vereinbarten Unterschriftstermin zur Prüfung zugeleitet werden. Etwaige noch auf der Immobilie liegende Belastungen (z.B. Hypotheken) und bestehende Rechte (z.B. Durchfahrts-/Wegerechte), die dem Vertragsabschluss im Wege stehen könnten, abgelöst oder zumindest zur Kenntnis gebracht werden müssen, klärt der Notar ab. Gegebenenfalls löscht er Grundbucheintragungen und schafft die Voraussetzungen für einen ordnungsgemäßen Übergang der Eigentumsrechte. Nach der Unterschrift, der von den Parteien bestätigten Zahlung der Kaufpreissumme und der Schlüsselübergabe erfolgt die Eintragung ins Grundbuch.

In aller Regel besteht zur Deckung der Kosten für Grundstückserwerb und/oder Bau ein Finanzierungsbedarf. Voraussetzung für den Abschluss eines Finanzierungsvertrags sollte eine möglichst genaue Kostenermittlung sein, die nicht mehr als etwa 10 bis 15 Prozent von den späteren Gesamtkosten abweicht. Sofern möglich, sollte man eine noch genauere Kostenberechnung abwarten. Um unnötige Zins- und Tilgungsbelastungen zu vermeiden, sollte nur so viel finanziert werden, wie auch gebraucht wird. Ein notwendiger Sicherheitsbehalt von etwa 20 Prozent dient dazu, nie ganz vermeidbare unvorhergesehene Mehrkosten abzudecken, um Finanzierungslücken mit der Folge einer teuren Nachfinanzierung zu vermeiden. Jedoch sollte die Finanzierungssumme nicht künstlich hochgerechnet werden, um davon beispielsweise noch Konsum querzufinanzieren.

Grundsätzlich ist das sogenannte Annuitätendarlehen die empfehlenswerteste Form der Immobilienfinanzierung. Es setzt sich aus dem Zinsanteil und dem Tilgungsanteil zusammen. Spätestens zum Ablauf der Gesamtlaufzeit, die in der Regel bis 30 Jahre beträgt, ist der Kredit vollständig getilgt. In Phasen mit niedrigem Zins und als unsicher empfundener gesamtwirtschaftlicher Lage steigt die Nachfrage nach Bauleistungen, womit allerdings auch eine Steigerung der Baupreise einhergeht. Daher sollte man auf keinen Fall nur aufgrund niedriger Zinsen bauen. Ferner ist zu beachten, dass die Gesamtlaufzeit und die Gesamtaufwendungen neben dem Zinssatz (Effektivzins) wesentlich von der Höhe der Tilgung beeinflusst werden. Je schneller getilgt werden kann, desto schneller vermindert sich der Kreditbetrag und desto weniger muss insgesamt bezahlt werden. Insofern kommt es besonders darauf an, sich vom Kreditinstitut günstige und flexible Tilgungsmöglichkeiten zusichern zu lassen, die auf die persönlichen Verhältnisse zugeschnitten sind. Mit durchschnittlichem Einkommen sind im Normalfall zwei oder drei Prozent Tilgung möglich und empfehlenswert, ein Tilgungssatz von einem Prozent ist eigentlich nur etwas für Bauherren mit unterdurchschnittlichen Einkünften. In jedem Fall ist es wichtig, sich im Kreditvertrag möglichst weitgehende Rechte für Sondertilgungen zusichern zu lassen, ohne dass dafür hohe Zuschläge fällig würden. Gebühren und Nebenkosten (beispielsweise für die Schätzung der Immobilie) sollten sich am unteren Rand der marktüblichen Beträge bewegen. Da die Vertragsinhalte und insbesondere das „Kleingedruckte" vom Laien nicht in ihrer ganzen Tragweite überschaut werden können, empfiehlt sich vor dem Abschluss in jedem Fall die Konsultierung eines Fachmanns, sei es der Kreditsachverständige einer Verbraucherzentrale oder ein Fachanwalt.

Pfiffig Stauraum schaffen, Großzügigkeit erzeugen

Gerade in kleinen Häusern kommt es darauf an, die Dinge des täglichen Bedarfs gut unterzubringen und die geringe Größe nicht spüren zu lassen.

Stauraum lässt sich am effektivsten in konzentrierter Weise, also an wenigen Stellen mit großem Volumen, schaffen – und zwar bevorzugt dort, wo aufgrund von begrenztem Bewegungsraum oder geringen Durchgangshöhen ohnehin kein vollwertiger Wohnraum realisierbar ist. Bestes Beispiel hierfür ist der Bereich unter einer Treppe, der etwa für die Unterbringung einer Toilette, der Heiztechnik, von Kleidung und anderen Gegenständen dienen kann. Im Spitzbodenbereich von Satteldächern kann ferner entweder zusätzlicher Wohnraum, etwa für Schlaf- oder Arbeitsgalerien, oder zusätzlicher Stauraum untergebracht werden. Eine weitere gute Methode besteht in der Mehrfachnutzung bestimmter Bereiche; so kann ein im Normalfall eher selten genutztes Gästezimmer durchaus gleichzeitig als Büro, Hauswirtschafts- und Abstellraum dienen, soweit ein effektives Ordnungssystem vorhanden ist. Nicht frostgefährdete Gegenstände werden am besten in separaten Schuppen untergebracht, die als Nicht-Wohnraum grundsätzlich sehr günstig in der Herstellung sind und sich zudem leicht selbst zimmern lassen.

Neben der effektiven Ausnutzung des vorhandenen Raums ist dessen optimale Inszenierung ein wichtiger Aspekt, damit sich ein Eindruck von Weite einstellt, die so von den reinen Abmessungen her vielleicht gar nicht vorhanden ist. Dazu ist auf unnötige Sichtbarrieren wie etwa trennende Innenwände wo immer möglich zu verzichten. Türen sollte man nur dort vorsehen, wo sie unbedingt notwendig sind – vorzugsweise in Bereichen wie Kinderzimmer(n), Elternschlafzimmer, Bad und WC. Alle übrigen Bereiche können mehr oder weniger offen ausgeführt werden. Damit die Sichtachsen weitgehend frei bleiben, ist auch die Auswahl von filigranem Mobiliar empfehlenswert, das den Blick nicht verstellt und den Raumeindruck nicht schmälert. Große Verglasungen nach Süden und teils auch nach Westen dienen nicht nur der Belichtung und der Erwärmung der Räume durch die Sonnenstrahlung, sondern heben auch die Grenzen zwischen Innen- und Außenraum auf, vergrößern also dadurch die optisch wahrgenommene Wohnfläche beträchtlich.

Sparsam bei Konstruktion und Material

Das Motto „nur so viel wie nötig" bezieht sich auch auf die Art der Fundamentierung. Ist keine Unterkellerung erforderlich und sprechen ansonsten keine technischen Gründe dagegen, können günstige Punktfundamente ausreichen. Dies ist besonders sinnvoll bei Holzbauweise, wo die Bodenplatte auch nicht unbedingt Erdkontakt haben muss. Ansonsten ist im Einzelfall zu entscheiden, welche Gründungsart die beste Kosten-Nutzen-Effizienz aufweist.

Bei der Erschließung sowohl zwischen öffentlichem Raum und Haus als auch innerhalb des Hauses (Wege, Leitungen für Strom, Wasser, Abwasser, Gas, Daten etc.) hängen die Kosten wesentlich von den Streckenlängen ab. Kurze Wege und eine direkte Leitungsführung sind von entscheidender Bedeutung. Deshalb ist auch ein einziger vertikaler Versorgungsstrang zwischen den Wohngeschossen, der auch eine entsprechend kompakte Zusammenlegung von Funktionen (z.B. Bäder, WC) bedingt, besonders günstig. Die bewusste Beschränkung von Steckdosen und der Verzicht auf teure zentrale Steuerungssysteme der Haustechnik gehören meist ebenfalls zum Sparprogramm eines Low-Budget-Hauses. Ferner kommt es darauf an, beim Tragwerk nur die statisch und baurechtlich unbedingt erforderlichen Materialquerschnitte und Baumassen einzusetzen. Teils erspart der Verzicht auf einen Meter Hausbreite schon das Einziehen teurer Zwischenwände oder Stützen. Auch das Dach, möglichst ohne Überstand ausgeführt, muss einfach konstruiert sein und sich zügig aufrichten lassen. Meist trifft dies auf flach geneigte Pult- und teils auch auf Satteldächer zu.

Zeitgemäß gebaut, sparsam beheizt

Wenn kostengünstig gebaut wird, spielt durchaus auch die Wahl des Heizsystems eine Rolle. Alle in diesem Buch vorgestellten Häuser sind natürlich auch energetisch zeitgemäß; ihr hocheffektiver Wärmeschutz und nicht zuletzt ihr geringes Gebäudevolumen minimieren den Heizbedarf soweit, dass günstige Heizsysteme ausreichen – von der Kombination einer Gas-Brennwerttherme mit Solarunterstützung bis hin zur Scheitholzheizung. Jedoch ist in einem Fall trotz der geringen Bausumme sogar eine Erdsonden-Wärmepumpe eingebaut worden – ein Beleg für kosteneffiziente Planung. Ansonsten zeigen die Häuser beispielhaft, wie die passive Nutzung der Solarenergie über große, südseitig angebrachte Glasflächen auf einfache Weise und vor allem kostenlos einen wichtigen Beitrag zur Energieversorgung leisten kann.

Wer bekommt den Auftrag?

Auch dann, wenn eine beträchtliche Eigenleistung erbracht wird, werden im Normalfall die meisten Arbeiten an Fachbetriebe vergeben. Der Architekt schreibt in der Regel die Gewerke aus. Einzelne davon können auch an Handwerker vergeben werden, deren Kompetenz und Preisgestaltung aus der Vergangenheit positiv bekannt sind. Ohne genaue Kostenvoranschläge und am besten auch Handwerkerverträge sollte aber keine Vergabe erfolgen, da sonst die Kostenkontrolle aus dem Ruder läuft. Bauherren und Architekt sollten sich über die Auswahl der Betriebe eingehend beraten. Die Auftragsvergabe über Handwerkerbörsen im Internet ist möglich, jedoch sollte dies nur in Ausnahmefällen und nach genauer Prüfung der Kompetenzen erfolgen.

Sind die Aufträge an die Handwerker vergeben, bedarf es im weiteren Verlauf der genauen Anleitung und Überwachung der Bauabläufe, damit die Planung nicht Makulatur wird. Die Idee mancher Bauherren, die Bauleitung selbst zu übernehmen oder an einen Handwerker zu delegieren, wird in aller Regel nicht zum Erfolg führen. Der engagierte Architekt hingegen erzielt gerade damit einen großen Einspareffekt, dass er das Gesamtkonzept vor Augen hat und den Handwerkern im Detail erläutern kann. Er koordiniert die Abläufe auf der Baustelle so, dass keine Zeit verschenkt wird und achtet darauf, dass keine fachlichen Fehler passieren, die das Konzept infrage stellen und den Sparerfolg gefährden. Hierbei ist eine häufige Anwesenheit auf der Baustelle unabdingbar, um Fragen vor Ort klären und Fehlentwicklungen rechtzeitig korrigieren zu können. Der Planer hat auch die Aufgabe, die Handwerkerrechnungen zu überprüfen, er übernimmt die abschließende Kostenfeststellung und die Verantwortung für die Bauabnahme. Nicht hoch genug einzuschätzen ist der Umstand, dass der Architekt für etwaige Planungsfehler einsteht, seine Haftpflichtversicherung deckt gegebenenfalls entstandene Schäden.

Jeder Arbeitsgang weniger spart

Bei nahezu jeder Bauweise gibt es Möglichkeiten, den Bauprozess zu vereinfachen und Arbeitsgänge einzusparen. Dies gilt insbesondere beim Aufbau von Wänden. Fällt die Entscheidung für Ziegelmassivbau, so empfehlen sich hohlraumgedämmte Steine, deren Füllungen beispielsweise aus Perlite bestehen. Solche Ziegel erfüllen teilweise sogar die Anforderungen für Passivhäuser. Der gegenüber konventionellen Hochlochziegeln höhere Preis amortisiert sich schnell durch die so eingesparten Dämm- und Aufbauschichten mit den entsprechend teureren Arbeitsgängen.

Beim Bodenaufbau kann je nach Wohnansprüchen auf den eigentlichen Belag verzichtet werden. So eignen sich beispielsweise OSB-Platten, aber auch ästhetisch ansprechende Sperrholzplatten, Betonschalungstafeln und anderes mehr durchaus als Boden, sofern eben die Vorstellungen der Bewohner dies erlauben. Empfindet man dies hingegen als minderwertig, so empfiehlt sich eher die Suche nach einem Restposten gutem Parkett, das man ohne große Schwierigkeiten selbst verlegen kann.

Eigenleistung realistisch ansetzen

Beabsichtigen die Bauherren in nennenswertem Umfang den Einsatz der eigenen Arbeitskraft, so muss man vorher die Voraussetzungen genau prüfen. Insbesondere dann, wenn die Eigenleistung in der Gesamtkalkulation und im Finanzierungskonzept angesetzt wird, sollte man sich eingehend fragen, ob die fachlichen Voraussetzungen und die nötige Zeit vorhanden sind. Wird hier zu großzügig gerechnet, kann das gesamte finanzielle Konstrukt ins Wanken geraten. Besser rechnet man vorsichtiger und bringt dann gegebenenfalls später doch etwas mehr als gedacht ein. Für handwerklich begabte Laien ist ein Anteil von 10 bis 20 Prozent der Handwerkerleistungen realistisch, mehr sollten sich in der Regel nur ausgebildete Bauhandwerker zutrauen. Wer schon weiß, dass seine Begabungen nicht im Baubereich liegen beziehungsweise dass er nicht die notwendige Zeit hat, sollte sich auf gelegentliche Hilfsdienste wie etwa das Zutragen von Material beschränken. Besser angelegt ist die Zeit dann bei der Suche nach hochwertigen, aber günstigen Belägen, Sanitärausstattungen, Leuchten und Möbeln.

GÜNSTIGE BAUPRODUKTE FÜR DAS LOW-BUDGET-HEIM		
Produkt	**Einsatzgebiet**	**Vorteile/Eigenschaften**
Holztragwerk	Tragkonstruktion/Gebäudehülle	Hervorragende Eignung für Eigenleistung bzw. Vorfertigung
Betonfertigteile	Wände außen und innen, Decken, Bodenplatten, Treppen	Preisgünstig im Material und meist auch bei der Arbeitszeit
Textilvliese	Fassadenverkleidung	Extrem preisgünstig, hervorragende Eignung für Eigenleistung
Aluminiumtrapezbleche, -wellbleche	Dächer, Fassaden	Gestalterisch harmonisch, geringer Montageaufwand
Faserzementwellplatten	Dachdeckung, teils Fassaden	Verschiedene Farben, geringer Montageaufwand
Polycarbonatplatten	Meist Fassaden, Wände	Transluzent, doppelwandig auch dämmend
Polycarbonatwellplatten	Meist Fassaden	Transluzent, leicht
Glasfaserplatten	Innenausbau	Transluzent, leicht
Sperrholzplatten	Innenausbau, Böden/Decken, wasserfeste Ausführungen auch für Fassaden	Bei schöner Maserung optimaler Low-Budget-Belag
Faserzementplatten	Fassaden, teils Dächer	Angebot in vielen Farben, geringer Montageaufwand
OSB-Platten	Gebäudehülle, Innenausbau, als Bodenbelag und Wandinnensicht	Extrem preisgünstig, behandelt auch witterungsbeständig, aussteifende Wirkung, leicht zu bearbeiten und zu streichen
Gipsfaserplatten	Innenausbau (Wandinnensichten, Verschalung von Dachschrägen)	Relativ leicht zu handhaben und zu bearbeiten
Multiplexplatten	Innenausbau (Treppen, Einbauten)	Sehr günstiger Holzwerkstoff, hohe Belastbarkeit
Lärchenholzbretter	Fassadenverkleidung, Balkon- und Terrassenbeläge	Witterungsresistent, unbehandelt einsetzbar
Hobelspäne	Dämmung von Wänden, Dach, Decken und Böden	Sehr preisgünstig, hervorragende Eignung für Eigenleistung, sehr gute Dämmwirkung
Industrieparkett	Bodenbeläge im Wohnraum	Sehr widerstandsfähig, preisgünstiger Massivholzbelag
Stahlseile	Geländer- und Brüstungsfüllung	Innen und außen einsetzbar

KOSTENGÜNSTIG BAUEN IM DETAIL: WICHTIGE RICHTLINIEN MIT SPARMEHRWERT

- Planung des Hauses so klein wie möglich, so groß wie nötig – überflüssige Fläche ist Luxus!
- Geringer Anteil von Außenoberflächen im Verhältnis zum beheizten Gebäudevolumen (A/V-Verhältnis) sowie insgesamt geringe Baumassen
- Mehrgeschossiges Bauen auf kleiner Parzelle ist häufig die günstigste Variante des kompakten Hauses.
- Ggf. Einsparung von Baumassen durch Reihen-, Doppel- oder Viertelhäuser
- Gebäude mit möglichst wenig unnötigen Vor- und Rücksprüngen oder Anbauten, da dies Baukosten und Heizenergie im Betrieb spart
- Optimale Einpassung des Gebäudes in die Bauparzelle, um unnötige Kosten für Aushub- und Verbauungsarbeiten zu vermeiden und kurze Wege (z.B. für Erschließung, Leitungsverlegung, Wegebau) zu ermöglichen
- Grundriss mit bestmöglicher Raumausnutzung ohne überflüssige Räume (z.B. nicht wirklich benötigte Keller- oder Erschließungsflächen), stattdessen perfekte Ausnutzung des vorhandenen Volumens (Raum unter der Treppe, im Dachspitz etc.) als Stauraum und zur Unterbringung der Haustechnik (z.B. Anschlüsse, Brennwerttherme)
- Verzicht auf unnötige Innenwände und Innentüren
- Bevorzugung standardisierter und einheitlicher Bauteile (z.B. viele identische Fenster- und Türformate)
- Einbau von Öffnungsflügeln nur dort, wo unbedingt nötig – ansonsten Wahl günstigerer Festverglasungen
- Planung raumhoher Verglasungen, da diese den Einbau von Stürzen ersparen
- Individuelle Planung simplifizierter Bausysteme (z.B. direkt in das Tragwerk/die Fassade eingeklebte Glaselemente)
- Sparsame Tragwerkskonstruktionen (z.B. durch geringere Spannweiten, Bauteile mit kleineren Querschnitten)
- Auswahl von Produkten mit Einspareffekten (z.B. Falzziegel statt Biberschwanzziegel wegen geringeren Gewichts und daher kostengünstigerer Dachkonstruktion, Stahlfasersohle anstelle Sohle mit üblicher Bewehrung)
- Auswahl der eingesetzten Bauteile und Materialien nach ihrem Kosten-Nutzen-Verhältnis (z.B. Industrieparkett oder günstige Posten von Massivholzböden statt billigem Laminat)
- Bauteile mit multifunktionaler Qualität (z.B. Massivholzdecke gleichzeitig als Bodenbelag, Fensterkonstruktionen auch als Rahmen für fassadenmontierte Solarkollektoren)
- Suche nach preislich günstigen, qualitativ gleichwertigen Alternativen (z.B. in Internetportalen und Bauteilbörsen)
- Wiederverwendung technisch einwandfreier Gebrauchtmaterialien (z.B. Tragwerk, Fenster, Dachziegel, Bodenbeläge)
- Einsatz von weniger edlen Materialien und Bauprodukten (z.B. OSB-Platten als Bodenbelag oder Wandinnensicht, Stahlseile als Brüstungsfüllungen)
- Einsatz von industriell hergestellten Fertigteilen (z.B. Betontreppen)

- Realisierung kurzer Bauzeiten durch Vorfertigung von Elementen in der Werkstatt (insbesondere zur Vermeidung unnötiger Mietzahlungen bzw. hoher Überbrückungskredite – besonders vorteilhaft, wenn wenig oder keine Eigenleistung investiert werden kann)
- Günstiges Energiesystem (z.B. Gas-Brennwerttherme oder über kleinen Vorratsbehälter direkt beschickter Pelletofen, ggf. mit Solarunterstützung)
- Sparsame Planung von Versorgungsleitungen (Elektro, Gas, Wasser) mit kurzen Wegen und konzentrierter Anordnung (z.B. in einem vertikalen Strang)
- Reduzierung der Steckdosen und Lichtschalter auf das notwendige Maß
- Verzicht auf kostspielige (und schadensanfällige) automatisierte Lösungen wie z.B. BUS-Systeme
- Gemeinsam bauen – günstig z.B. durch bessere Handwerkerpreise, Teilung der Grundstückskosten und der Investitionen für die Heizanlage, durch den Einsatz vieler einheitlicher Bauteile, ggf. Nachbarschaftshilfe
- Vergabe der Aufträge für die Handwerkerarbeiten nach Kosten- und Qualitätsaspekten
- Vergabe der Arbeiten bevorzugt an kleine (Familien)unternehmen aus der Region
- Vergabe von kompletten Gewerken (z.B. Hochbau gesamt, Innenausbau gesamt)
- Neben dem üblichen Weg der Ausschreibung Auftragsvergabe für Handwerker auch über entsprechende Internetportale, soweit hier die geforderte Ausführungsqualität gewährleistet ist
- Effiziente Koordination und Kontrolle der Bauabläufe sowie eine kurze Gesamtbauzeit (am besten über die Vergabe der Bauleitung an einen kompetenten Architekten oder mit diesem zusammenarbeitenden Ingenieur)
- Einbringung von Eigenleistung, die in der Kalkulation realistisch angesetzt werden (im Normalfall nicht mehr als 10–20 % der Handwerkerleistungen) und in enger Abstimmung mit dem Architekten erfolgen sollte

PROJEKTE

175.000 €

KOMPAKTES RAUMHAUS

Großzügiges Wohngefühl für eine dreiköpfige Familie

arch zwo, Kenzingen/Baden-Württemberg

Ein ganz normales Einfamilienhausgrundstück im badischen Kenzingen wurde zum Schauplatz eines gelungenen Experiments in Sachen Bescheidenheit und Planungsgeschick. Der Architekt Joachim Pies erprobte beim eigenen Haus, das Platz für das Ehepaar und seinen Sohn bieten sollte, wie viel Fläche für ein großzügiges Wohngefühl nötig wäre: Letztendlich genügten rund 90 Quadratmeter. Da der Familie ein großer Garten sehr wichtig war, entschied man sich für ein kompaktes Haus, das ganz nach Südosten, zum grünen Umfeld hin, ausgerichtet sein sollte. Durch die geringe Tiefe bei relativ großer Länge befindet sich das Haus nun inmitten des Grünraums, wobei nach Nordosten sogar noch Platz für eine eventuelle zukünftige Erweiterung bleibt.

Wie kleine Flächen groß wirken

Große Fenster holen nicht nur im Winter kostenlose Wärme ins Heim, sondern es gelang damit auch, auf beiden Wohnebenen die Wahrnehmung der Innenräume entscheidend aufzuwerten: Die Glasflächen lassen die Grenzen zur Terrasse und zum Garten gleichsam verschwinden, und die langen Blickachsen in West-Ost-Richtung tragen ihren Teil dazu bei, eine gefühlte Weite wie bei manchem deutlich größeren Haus zu schaffen – und dies bei einer Raumtiefe von teils nur 3,75 Metern! Der Kunstgriff, anstelle von Innenwänden Leichtbauschiebewände beziehungsweise -türen aus günstigen MDF-Platten einzubauen, sparte nicht nur Finanzmittel, sondern erweitert auch noch einmal optisch den wahrnehmbaren Raum. Platz gewann man in den Wohnbereichen nicht zuletzt durch das steil geneigte Dach hinzu, das einen gut nutzbaren, teils in die Zimmer integrierten Spitzboden von bis zu 2 Metern Höhe entstehen lässt. Ansonsten sorgen Abstellboxen, so etwa im Erdgeschoss für Haushaltswaren und -geräte, für genügend Stauraum. Ein kleiner, eingeschossiger Querbau für Büro und Hauswirtschaft schafft wichtige Nutzfläche und stellt gemeinsam mit dem Eingangsvorbau eine klimatische und akustische Pufferzone dar.

Gemeinsam leben unten, individuell oben

Während im Erdgeschoss Essen, Kochen und Wohnen untergebracht sind, befinden sich das Kinder- und das Elternschlafzimmer an den beiden entgegengesetzten Enden des Obergeschosses. Sinnvollerweise bekam der Sohn das sonnenverwöhnte Zimmer mit Ausrichtung nach Südosten und Südwesten – schließlich hält er sich zu jeder Tageszeit in seinem Reich auf. Dazwischen ist das Badezimmer eingeschoben, das wie die übrigen Zimmer auch durch MDF-Schiebetüren vom Flur getrennt wird. Einheitlich griff man für beide Ebenen auf Industrieparkett zurück, das neben dem Kostenvorteil als Massivholzboden auch eine hohe Materialqualität mitbringt und widerstandsfähig gegen Beanspruchung ist. Im Erdgeschoss wirkt das Entree bei abendlicher Innenbeleuchtung wie ein Glaskörper, da die hinsichtlich Preis und Arbeitszeit sehr günstigen Makrolon-Hohlkammerplatten das Licht durchscheinen lassen.

Arbeitszeit und Geld sparen durch pfiffige Konstruktion

Der Verzicht auf Dachüberstände gibt dem Haus nicht nur ein modernes Gesicht, sondern hat auch beträchtliche Spareffekte, da so ein unnötiger Mehraufwand an Arbeitszeit und Material vermieden wurde. Die Fenster sind konzentriert angeordnet, was den Arbeitsprozess erleichterte, beschleunigte und somit verbilligte. Anstelle von Schiebefenstern entschieden sich die Bauherren für die günstigere konventionelle Variante mit Drehflügeln. Die geringe Haustiefe ermöglichte es, Konstruktionsholz mit geringeren Querschnitten zu

Rechte Seite Gesamtansicht von Südwesten

Linke Seite Das Haus von Südosten. Die Fenster im Obergeschoss gehören zum Zimmer des Sohns. Auf dem Dach befinden sich die Solarkollektoren (links) sowie die Photovoltaikanlage.

Links Blick von der Terrasse in den Wohnbereich

Unten Die großzügig dimensionierte Terrasse ist als weiterer Wohnbereich im Freien angelegt.

verwenden und zusätzliche Stützenkonstruktionen einzusparen. Weiterhin wurden die Bauprozesse effizienter und günstiger durch die Entscheidung, die Balkenlage des Erdgeschosses auch als Dachkonstruktion des Carports fortzuführen.

Hohe Energieeffizienz trotz geringer Baukosten

Die Gesamtkosten sind insofern besonders bemerkenswert, als es sich um ein Haus mit weit überdurchschnittlichem Energiestandard und diversen Passivhauskomponenten handelt. Eine Pelletzentralheizung, eine kontrollierte Wohnraumbe- und -entlüftung mit Wärmerückgewinnung sowie dachmontierte Solarkollektoren zur Brauchwasserbereitung und Heizungsunterstützung bilden das innovative Energiesystem. Durch die hocheffiziente Wärmedämmung und die Luftdichtigkeit wird wirksam Energie gespart. Das Gartenhaus fungiert dabei nicht nur als Geräteschuppen, sondern auch als vergleichsweise kostengünstiges Pelletlager. Zusätzlich hat der Architekt auf dem Dach eine große Photovoltaikanlage mit 3,6 kWp Leistung installiert, die den Strombedarf des Haushalts komplett deckt.

Oben Blick durch das Erdgeschoss. Rechts die eingestellte Box, die wertvollen Lagerraum für das nicht unterkellerte Haus schafft.

Rechte Seite oben Der Essbereich mit Ausblick zur Terrasse. Rechts hinten der Durchgang zum Eingangsbereich

Rechte Seite unten Die Zimmer wirken trotz der kompakten Maße keineswegs klein, was nicht zuletzt an der effizienten Raumausnutzung liegt.

Erdgeschoss

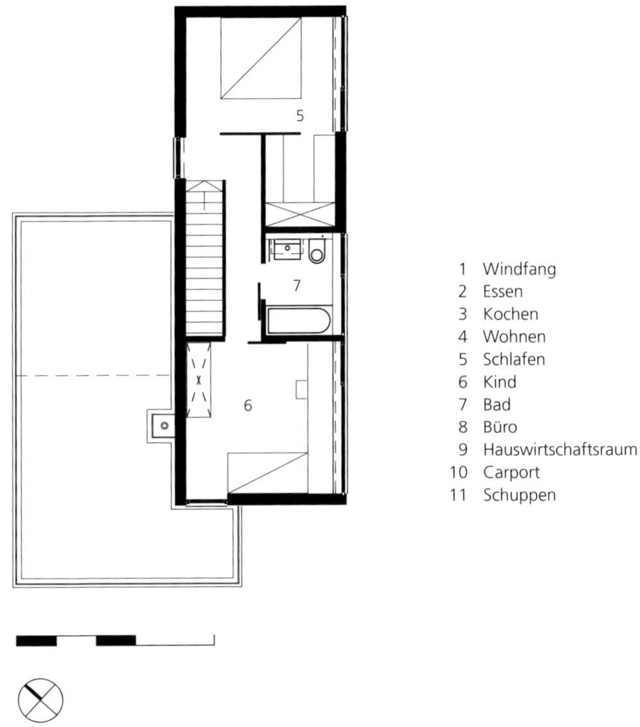

Obergeschoss

Linke Seite oben links Günstige Baustoffe und Konstruktionen halfen, das Sparziel zu erreichen – hier eine Schiebetür aus MDF-Platten.

Linke Seite oben rechts Blick vom Elternschlafzimmer Richtung Flur im Obergeschoss. Auch hier sorgt eine MDF-Schiebetür für die Abtrennung.

Linke Seite unten Das Kinderzimmer bekommt Sonne aus südlicher und aus westlicher Richtung.

WICHTIGES IN KÜRZE

Standort: Kenzingen/Baden-Württemberg
Baufertigstellung/Einzug: 2008
Grundstücksgröße: ca. 497 m²
Wohnfläche: 91 m² zuzüglich 15 m² Nutzfläche und 30 m² Terrasse
Bruttorauminhalt (BRI): ca. 502 m³
Bauweise: Holzrahmenbau
Gesamtkosten brutto (inklusive Honorare, Nebenkosten und Steuern, ohne PV-Anlage): ca. 175.000 Euro
Kostensenkende Faktoren: kompakter Baukörper, Verzicht auf Unterkellerung, konsequente Wahl günstiger, arbeitszeitsparender Konstruktionen und Lösungen (z.B. Verzicht auf Dachüberstände, Weiterführung der EG-Balkenlage für Carport), sehr gut nutzbarer, offener Grundriss, Beschränkung von Nutzflächen auf das unbedingt notwendige Maß (z.B. Bad, WC), teils günstige Schiebewände anstelle normaler Innenwände, Einsatz günstiger Bauprodukte und Materialien (z.B. Holzdreischichtplatten und Industrieparkett im Innenausbau, Makrolonplatten am Eingangsvorbau), Abstimmung der Planung auf gute Eignung für Eigenleistung, Einbringung von Eigenleistung (ca. 10 % der Handwerkerleistungen)
Heizenergiebedarf/Jahr: 56 kWh/m²

161.000 €

EIN HAUS FÜR DREI – ODER FÜR ZWEI

Raumkunstwerk mit Spareffekt

architektur.bayer, München

Häuser, die sich während der Planung noch auf neue Nutzungen einstellen können und ihre inneren und äußeren Werte behalten, sind meist außergewöhnlich gut gemacht. Dies gilt auch für das Wohngebäude, das Architekt Gert Bayer in der Nähe des Ammersees errichtet hat. Ursprünglich als „Jugendhaus" für die drei Kinder des Bauherrn geplant, avancierte es dann zum Heim für zwei Personen.

Um den Mittelpunkt gruppiert

Aufgrund der ursprünglich vorgesehenen Nutzung sah die Planung drei zweigeschossige Bereiche für die Kinder vor, die sich um einen zentralen Koch- und Essbereich im Erdgeschoss sowie um ein durch eine Glaskuppel überwölbtes Badezimmer im Obergeschoss gruppieren. Mit wenigen Anpassungen, insbesondere durch den Verzicht auf einige Innenwände, ließ sich dieses Konzept an die Ansprüche eines Paares anpassen; nun haben sowohl das Schlaf- als auch das Arbeits- und Gästezimmer eigene Terrassen, die auf dem flächenmäßig etwas größeren Erdgeschoss aufgelagert sind.

Großzügiges Raumempfinden im kleinen Haus

Selbstverständlich musste insbesondere angesichts der zweigeschossigen Bauweise und der drei Balkone andernorts eingespart und dazu vor allem mit Fläche gehaushaltet werden. Die Kunst bestand darin, die Innenräume so zu gestalten, dass sich das Raumempfinden eines weit größeren Hauses vermitteln sollte. Mit den zahlreichen Durchblicken und Sichtdiagonalen, etwa zwischen Ess-/Koch- und Wohnbereich, großen Verglasungen sowie dem Verzicht auf unnötige Wände ist dies hervorragend geglückt. Da der benötigte Stauraum nicht in frei stehenden Schränken und Kommoden, sondern in Einbaumöbeln beim Eingang und unter den Treppen geschaffen worden ist, bleiben die Sichtbeziehungen unverstellt.

Toparchitektur zu Niedrigpreisen

Angesichts der vorgesehenen Qualitäten war klar, dass auch über den sparsamen Umgang mit Fläche hinaus besonders kosteneffizient geplant und gebaut werden musste. Grundlegende Spareffekte brachte der Gedanke, durch drei identische Teilbaukörper gleiche Bauteile zu bekommen, die in der Summe günstiger herzustellen und einzubauen waren, beispielsweise die Fenster. Die Fassaden bestehen aus unbehandelten und preisgünstigen Lärchenholzleisten. Beim Wandaufbau wurde die Zahl der Schichten reduziert; so sind die Gipsfaserplatten, die die Innensicht der Räume bilden, direkt auf die Holzständer montiert. Wandheizung und Elektroinstallation verschwinden hinter punktuell vorgestellten Wandscheiben, in die gleichzeitig die Innenschiebeläden eingefahren werden. Die Führung der Haustechnik, sprich der Elektro- und Sanitärleitungen, in einem vertikalen Strang zwischen Erd- und Obergeschoss hat beträchtliche Mittel für Material und Arbeitszeit eingespart. Gleiches gilt für die sparsame Anordnung der Steckdosen und Schalter, die großenteils über Funk angesteuert werden und so diverse Leitungsbahnen überflüssig machen. Für den Bodenbelag fand man mit hochwertigem, jedoch als Sonderposten günstig erworbenem Parkett und farbigem Linoleum die perfekte Kombination aus Qualität und Preis. Überraschenderweise trug sogar die Glaspyramide aus doppelscheibigem Sicherheitswärmeschutzglas über dem Bad zur Kosteneinsparung bei, da so keine insgesamt teureren konventionellen Dachdeckungen nötig waren. Durch einen hohen Vorfertigungsgrad in der Werkstatt (Abbund der Wände, Brettstapelplatten für Decke und Dach) war zudem eine recht kurze Bauzeit von etwa fünf Monaten realisierbar. Trotz der niedrigen Bausumme war sogar noch Geld für eine ökologische Dämmung aus Holzweichfaserplatten und eingeblasener Zellulose übrig.

Rechte Seite oben Ansicht von Südosten. Rechts befindet sich der Wohnbereich des Erdgeschosses, darüber das Schlafzimmer mit der zugehörigen Dachterrasse.

Rechte Seite unten Ansicht von Südwesten mit der Gartenterrasse. Dahinter liegt die Küche, rechts im Erdgeschoss der Essbereich und über der Küche das zentral angeordnete Badezimmer.

Ganz oben Blick vom Ess- zum Kochbereich. Die Treppe wird sehr effizient gleichzeitig auch als Stauraum genutzt.

Oben Blick von der Küche zur Terrasse. Die Fensterkonstruktion ist auch als Regaleinheit ausgebildet.

Rechte Seite Ausblick und Durchgang vom Essplatz zum Garten. Leichte und günstige stoffbespannte Schiebeläden schützen vor der Sonne.

Linke Seite Blick von der Küche in den Wohnraum. Links ein Zimmer für die Kinder, mittig der Durchgang zur Haustür. Beim Küchenblock ist der zentrale Verbindungsstrang für die Haustechnik untergebracht.

Oben Ungewöhnlich duschen: Das im Dachbereich verglaste Bad hat zugleich auch Durchgangs- und Erschließungsfunktion. So wird kein Quadratmeter verschenkt.

Rechts Ausblick vom Schlafzimmer zur Dachterrasse

Links Der Einbauschrank beim Eingang nutzt den vorhandenen Raum optimal aus.

Rechte Seite links Die holzgedeckte Terrasse ist direkt vor der Küche angeordnet.

Rechte Seite rechts Detail des Eingangsbereichs mit orangefarbener Tür und Oberlicht

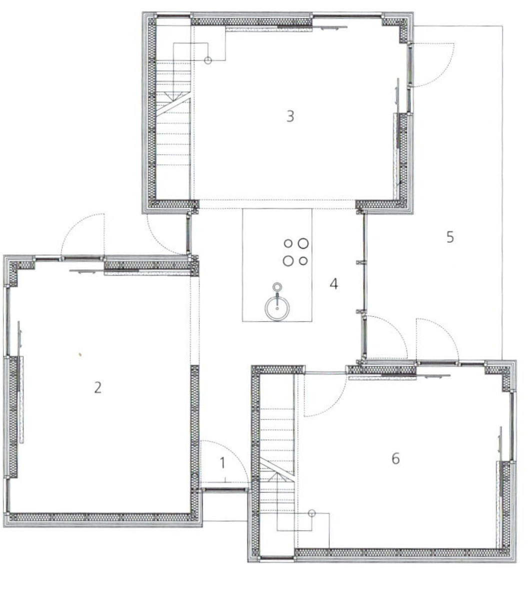

Erdgeschoss

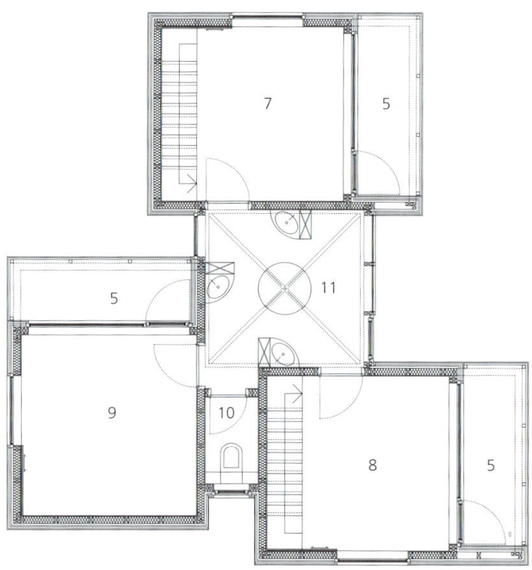

Obergeschoss

1 Eingang
2 Wohnen
3 Essen
4 Kochen
5 Terrasse
6 Kind
7 Arbeiten
8 Gäste
9 Schlafen
10 Toilette
11 Bad

WICHTIGES IN KÜRZE

Standort: Ammerseeregion/Oberbayern
Baufertigstellung: 2011
Grundstücksgröße: 881 m²
Wohn- und Nutzfläche: ca. 71 m² zuzüglich ca. 17 m² Terrassen EG und OG
Bruttorauminhalt (BRI): ca. 207 m³
Bauweise: Holzständerbau
Gesamtkosten brutto (inklusive Honorare, Nebenkosten und Steuern): ca. 161.000 Euro
Kostensenkende Faktoren: kompakter Baukörper, konsequente Wahl günstiger, arbeitszeitsparender Konstruktionen und Lösungen (z.B. Baukörper mit vielen einheitlichen Teilen, einfacher Schichtenaufbau, kurze Wege bei Elektro- und Sanitärleitungen), sehr gut nutzbarer, offener Grundriss mit konzentrierter Stauraumlösung, Beschränkung von Nutzflächen auf das unbedingt notwendige Maß (z.B. Zimmer OG), Einsatz günstiger Bauprodukte und Materialien (Lärchenholzleisten, Sonderposten Parkett), kurze Bauzeit durch hohen Vorfertigungsgrad, Abstimmung der Planung auf gute Eignung für Eigenleistung, Einbringung von Eigenleistung (ca. 15 % der Handwerkerleistungen)
Heizenergiebedarf/Jahr: ca. 85 kWh/m²

184.000 €

DREI EBENEN IM KUBISCHEN KLEID

Günstiges Einfamilienhaus mit Raumerlebnis

Architekt Gerhard Blasisker, Absam bei Innsbruck/Österreich

Das Einfamilienhaus ragt in mehrfacher Hinsicht aus seiner Umgebung heraus. Obgleich insgesamt sehr kompakt, schiebt sich das Untergeschoss über einen Meter aus dem Erdboden heraus und trägt zu einem turmähnlichen Erscheinungsbild bei. Aber auch durch seine schlichte Gestalt und sein stimmiges Fassadenbild ohne jedes unnötige Element hebt sich das Haus von der Nachbarschaft ab.

Hochwertige Schlichtheit

Die Bauherren hatten das Projekt mit dem festen Vorsatz angetreten, ein günstiges und schlichtes Haus zu bauen. Es sollte für eine vierköpfige Familie genug Platz bieten, eine überdurchschnittliche Architektur- und Innenraumqualität aufweisen und großzügig wirken. Über ein früheres Buch des Autors zum Thema Low Budget stießen sie auf den Architekten Gerhard Blasisker, der über viel Erfahrung bei der Planung günstiger Wohnhäuser verfügt. Er entwickelte einen Entwurf: ein turmartiges Haus mit Flachdach, das auf drei Wohnebenen eine Wohn- und Nutzfläche von etwa 120 Quadratmetern bietet. Zur Straße und zu den Nachbaranwesen hin mit schmalen, bandförmigen Fenstern versehen, öffnen sich die südlichen Räume zur Landschaft.

Wohnen ohne Beengtheit

Im weitgehend offenen Erdgeschoss bildet der nur punktuell möblierte Wohn- und Essbereich den Mittelpunkt. Die große Glasfront nach Süden sorgt für eine gute Belichtung, im Winter für kostenlose Heizung durch die Sonnenstrahlen – und zu jeder Jahreszeit für einen wunderbaren Ausblick. Die Küche ist nur durch eine Wandscheibe abgetrennt, auf eine Tür wurde aus Kostengründen und zugunsten der Durchgängigkeit verzichtet. Gestalterisch wirkungsvolle „Schießscharten" stellen die optische Beziehung zum Eingangsbereich und zum Treppenhaus her, das zum Obergeschoss mit Bad, Elternschlafzimmer und Kinderzimmer hinaufführt. Beim Kinderzimmer ist bauseits eine zweite Türöffnung vorbereitet, sodass der Raum mittels einer leichten Trennwand bei Bedarf unterteilt werden kann und bis dahin in seiner Gesamtgröße erlebbar bleibt.

Die der Eingangsseite zugeordnete Treppe nimmt nur wenig Platz ein, ist dabei doch fast vollständig sichtbar und wird so zu einer Art Raumskulptur. Das Wohnzimmer ist vom Eingang nur durch eine halbhohe Mauer abgeteilt, wodurch der Blickbezug und der offene Raumeindruck gewahrt bleiben. Im wohnlichen Souterrain, das sich nur etwa 1,50 Meter unter der Erde befindet, plante der Architekt neben einem Technik- und Lagerraum und einem kleinen WC ein großes, voll ausgebautes Zimmer ein. Hier haben die Bauherren, beide Musiker, ihren Übungsraum und ihr gemeinsames Büro.

Links Ansicht des Wohnhauses von Nordosten (Straßenseite). Rechts am Eck der Eingang

Rechte Seite Auf der südlichen Gartenseite ist die Fassadeneinteilung ebenso stimmig wie auf der Straßenseite. Im Erdgeschoss gibt es eine große Verglasung für den Wohnbereich.

Oben Durch das große Fenster des Wohn- und Essbereichs sind die nahen Berge und im Winter auch der Skibetrieb am Anfängerhügel immer im Blick.

Links Beim Essen herrscht eine angenehme Lichtstimmung. Die hochwertigen Massivholzböden konnten als Sonderposten günstig erworben werden. Die Wandscheibe hinter dem Essplatz verbirgt die Küche.

Rechte Seite Durchblicke sind in diesem Haus ein wichtiges Gestaltungsmittel, um trotz begrenztem Platz den Eindruck von Großzügigkeit zu schaffen. Hier die Situation zwischen Wohn- und Eingangsbereich

Das WESENtliche
ist
für die Augen

Oben Neben einem Lagerraum und einer Toilette befindet sich im gut belichteten Untergeschoss das große Musik- und Arbeitszimmer.

Unten links Stimmungsvolles Baden dank guter Lichtsteuerung

Unten Mitte und rechts Die Treppe, auf der Nordseite raumsparend angeordnet, ist ein wichtiges innenarchitektonisches Element. Die „Schießscharten" ermöglichen den Einblick in die Küche.

Rechte Seite Blick vom Eingangs- zum Wohnbereich. Darunter führt die Treppe ins Untergeschoss und ins Musikzimmer.

181.000 €

HAUS DES LICHTS

Ein moderner Bungalow für ein bis zwei Bewohner

Architekturbüro Dauber, Unna/Nordrhein-Westfalen

Gelungene Architektur ist immer auf mehrere mögliche Nutzungen vorbereitet und passt sich den Anforderungen ihrer Bewohner an. So auch in diesem Fall, dem Bau eines modernen Bungalows. Architekt Thomas Dauber hatte ursprünglich den Auftrag, eine wie auch immer geartete Wohnlösung für den neuerdings alleinstehenden Vater zu entwerfen. Das alte Wohnhaus der Familie war endgültig zu groß geworden, weshalb eine neue, tragfähige Nutzung nötig war. Nach einigen Überlegungen entschied man sich dafür, dass der Sohn mit seiner Familie ins Elternhaus ziehen sollte, während am westlichen Rand des großen Gartens ein Neubau für den Vater entstehen würde. Dies hatte neben dem Kostenaspekt – der Einsparung eines Grundstückkaufs – auch den Vorzug, dass die Familie in der Nähe ist; wann immer die junge Familie oder der Vater Zeit und Lust haben, unternehmen sie etwas zusammen, oder der Großvater betreut die Enkel – während jeder dabei seine Privatsphäre behält.

Komfortabel und wohnlich

Eingeschossig und kompakt geplant, passte der Neubau in den vorgesehenen Kostenrahmen und erfüllte gleichzeitig die Vorgabe, dass er später auch einmal von einem Paar bewohnt werden könnte. Die Ebenerdigkeit der Räume ohne Innentreppen und Niveauunterschiede ist nicht nur seniorengerecht, sondern für jedermann sehr komfortabel. Passend dazu sind die Übergänge zur Terrasse schwellenfrei ausgebildet, sodass bei sich eventuell einstellenden Gehbehinderungen weiterhin ein freier Zugang zum Freibereich und zum Garten möglich ist.
Die Kompaktheit des Hauses macht sich im Inneren nirgends negativ bemerkbar; dafür sorgen schon die langen Sichtachsen vom Schlafzimmer in südliche Richtung und vor allem auch der großzügige Zuschnitt des Wohn-, Ess- und Kochbereichs. Dieser wirkt durch den Verzicht auf Innenwände und Türen zwischen den drei Funktionsbereichen, der natürlich auch finanziell erhebliche Einsparungen brachte, optisch deutlich größer als seine tatsächlich vorhandenen etwa 35 Quadratmeter. Das größte Plus ist aber die Belichtungssituation – und dies trotz großer, nahe beim Haus stehender Bäume. Insbesondere nach Süden öffnet sich der Raum mit seinen großen Glasflächen zum Garten. Im Sommer filtern die Gehölze das Licht und schützen vor Überhitzung, im Winter wärmen die zwischen den unbelaubten Ästen hindurchscheinenden Sonnenstrahlen das Haus kostenlos mit.

Kostenbewusst geplant mit Qualität

Das mit einer Neigung von 5 Prozent ausgestattete Pultdach führt nicht nur das Niederschlagswasser effizient ab und ermöglicht größere Raumhöhen im Wohnzimmer, sondern sparte auch Baukosten für eine bei einem Flachdach nötige Gefälledämmung ein. Die Leitungswege für die Entwässerungsbahnen sind konstruktionsbedingt sehr kurz, die Kosten dadurch entsprechend niedrig. Jedoch musste sich die Ästhetik nirgends unterordnen. Gerade der dem Grundstückszuschnitt folgende Knick im Gebäude, der den Wohnraum nach Süden trichterartig aufweitet, kann als planerischer Kunstgriff bezeichnet werden. Die vertikale Leistenfassade aus Thermo-Espenholz ist sehr attraktiv, langlebig und zudem etwa gegenüber einer Putzfassade hinsichtlich der Arbeitskosten deutlich kostengünstiger herzustellen.

Rechte Seite oben In der Ansicht von Südwesten wird der Knick in der Gebäudeform deutlich sichtbar.

Rechte Seite unten Frontalansicht der Südseite mit den Fenstern von Bad und Gästezimmer

Linke Seite oben, linke Seite unten und diese Seite oben Der große Wohn-, Ess- und Kochbereich bildet den Mittelpunkt des Lebens im Haus. Im Sommer schützen die großen Bäume vor Überhitzung, im Winter lassen sie die tief einfallenden Sonnenstrahlen durch, die dann den Raum erwärmen.

Rechts Blick entlang der Südseite

Links oben Das Gästezimmer

Links unten Für das Bad wurden weiße, teilweise reizvoll strukturierte Fliesen ausgesucht.

Rechte Seite Durchblick vom Flur zum großen Wohnraum, der den Erschließungsbereich mit belichtet.

1 Eingang
2 Flur
3 Schlafen
4 Bad
5 Gast/Arbeiten
6 Gästebad
7 Hauswirtschaftsraum
8 Wohnen/Essen/Kochen
9 Terrasse
10 Garage
11 Hof
12 Schwimmbecken

Grundriss

Linke Seite oben Detailansicht des Eingangsbereichs

Oben Gesamtansicht von Nordosten mit der angebauten Garage

WICHTIGES IN KÜRZE

Standort: Unna/Nordrhein-Westfalen
Bauzeitraum: 2010/11
Grundstücksgröße: 500 m²
Wohnfläche: 91 m² zuzüglich 22 m² Nutzfläche und 20 m² Terrasse
Bruttorauminhalt (BRI): 510 m³
Bauweise: Ziegelmassivbau mit Pappelholzleistenfassade
Gesamtkosten brutto (inklusive Honorare, Nebenkosten und Steuern, ohne Garage): 181.000 Euro
Kostensenkende Faktoren: eingeschossiger, kompakter Baukörper, Verzicht auf Unterkellerung, konsequente Wahl günstiger, arbeitszeitsparender Konstruktionen und Lösungen (z.B. Pultdach ohne Gefälledämmung, kurze Rigolenleitungen, Holzleistenfassade statt Putz), sehr gut nutzbarer, teils offener Grundriss (Wohn-, Ess- und Kochbereich als ein Raum ohne Trennwände und Türen), Beschränkung von Nutzflächen auf das unbedingt notwendige Maß (z.B. Schlafzimmer, Bäder) sowie Nutzung eines vorhandenen, im Familienbesitz befindlichen Grundstücks
Heizenergiebedarf/Jahr: ca. 109 kWh/m²

145.000 €

IDYLLISCHES REFUGIUM FÜR DREI

Wohlfühlhaus im Bayerischen Wald

dh architekten/Peter Heinermann, München

Wenn 100 Quadratmeter Wohnfläche genügen sollen – etwa, weil dies für eine bis drei Personen ausreichend bemessen ist oder weil das Haus nur als Teilzeitdomizil dient –, kommt es entscheidend auf die richtige Inszenierung des Raumgefühls an. Diese Kunst beherrscht der Münchner Architekt Peter Heinermann augenscheinlich ganz exzellent, denn er hat für seine dreiköpfige Familie ein kleines Haus mit spitzem Dach und eingeschossigem Anbau geschaffen, das seine geringen Abmessungen nicht spüren lässt. Im Gegenteil vermittelt gerade das Erdgeschoss den Eindruck von Weitläufigkeit und Durchgängigkeit. Erreicht wird dies zum einen dadurch, dass diese Etage etwa zwei Drittel der Gesamtwohnfläche einnimmt, zum anderen durch die weiten Durchblicke und unverstellten Sichtachsen zwischen der Koch-/Esszone und dem etwas separierten Wohnbereich sowie nicht zuletzt durch die großen, deckenhohen Verglasungen nach Süden und auch Westen, die die Hausgrenzen verschwinden lassen. Ein fein abgestimmtes Farbkonzept rundet die gestalterische Planung ab. So dominiert neutrales Weiß in dem nach Süden ausgerichteten Wohnraum, eine belebend orangefarbene Wandscheibe markiert den Essbereich, und für Kinder- und Schlafzimmer wählte man ruhige Blautöne.

Günstig bauen, vorhandene Ressourcen nutzen

Die großen Fensterflächen insbesondere nach Süden dienen nicht nur der räumlichen Wirkung und der Belichtung, sondern auch der Versorgung mit kostenfreier Energie, nämlich dem Hereinholen von Sonnenstrahlen, die in der kalten Jahreszeit die Räume im Erdgeschoss wie auch Eltern- und Kinderzimmer im Obergeschoss wärmen. Als richtige Heizung fungiert ein im Übergang zwischen Wohnen und Kochen platzierter Holzscheitofen, der mit seiner Leistung von etwa 15 kW für das kompakte Gebäude ausreicht, zumal der Energiebedarf durch effiziente Dämmung und Luftdichtigkeit bei nur wenigen Fassadenöffnungen gegen Norden und Osten schon bauseits bestmöglich minimiert wird. Bestückt wird der Ofen mit Holz aus nahegelegenen Einschlaggebieten, das zudem günstig bezogen werden kann. Daneben war die Planung auch darauf ausgerichtet, dass die kostensparende Ressource Eigenleistung optimal eingebracht werden konnte. Während sonst oft Häuser ohne sinnvolles Gesamtkonzept entstehen, die dann nur mit übermäßigem Arbeitseinsatz in preislich vertretbarem Rahmen gehalten werden können, ging hier beides Hand in Hand. Die Holzständerbauweise mit Holzfassade eignete sich ausgezeichnet dafür, selbst mitzuarbeiten; abgesehen vom Aufstellen des Tragwerks, den Glasarbeiten und schwierigeren Sanitär- wie Elektroarbeiten hat der Architekt als sein eigener Bauherr an vielen Stellen selbst angepackt, so etwa beim Verlegen der Innen- und Terrassenbeläge.

Preiswerte Konstruktionen und Materialien

Die geringe Tiefe des Hauses von etwa 6 Metern ermöglichte es, Konstruktionshölzer mit geringeren Querschnitten zu verwenden und so Geld einzusparen. Die kompakte Gebäudeform ohne Dachüberstände dient neben dem architektonischen Gesamtbild ebenfalls dem Erreichen des Sparziels. Die äußere Verschalung aus Lärchenholz, aus dem auch der Terrassenbelag besteht, ist eine der preisgünstigsten und am leichtesten zu montierenden Lösungen. Zudem spart der Werkstoff Kosten, da das Holz weder nach dem Einbau noch in Zukunft eine Behandlung benötigt. Trennwände existieren im Erdgeschoss nur zwischen Wohn- und Erschließungsbereich. Aus Standardtürblättern aus dem Baumarkt konstruierte Peter Heinermann die Türen und baute auch die Rahmen aus Fichtenleimholz selbst. Stauraum schafft ein einfach konstruierter Einbauschrank mit weißer Spanplatte als Tür, Klavierband als Scharnier sowie Magnetschnapper und Küchenbeschlag als Griff. Im Bad griff man auf schlichtes sandsteinfarbenes Feinsteinzeug zurück, die selbst erdachte Badewannenarmatur besteht aus einem einfachen gekrümmten Edelstahlrohr. Die Summe der Details und die konzeptionell durchdachte, abgespeckte Planung führten zu dem architektonisch ebenso großzügigen wie finanziell sparsamen Ergebnis.

Rechte Seite Gesamtansicht von Südwesten

Oben Die Eingangsseite. Unten an der Straße befindet sich der Carport mit einem Geräteabteil.

Oben rechts Ansicht von Westen. Das Haus ist harmonisch in die Landschaft eingebunden.

Rechte Seite Zwei Essplätze: im eingeschossigen Anbau und auf der Terrasse davor

Erdgeschoss

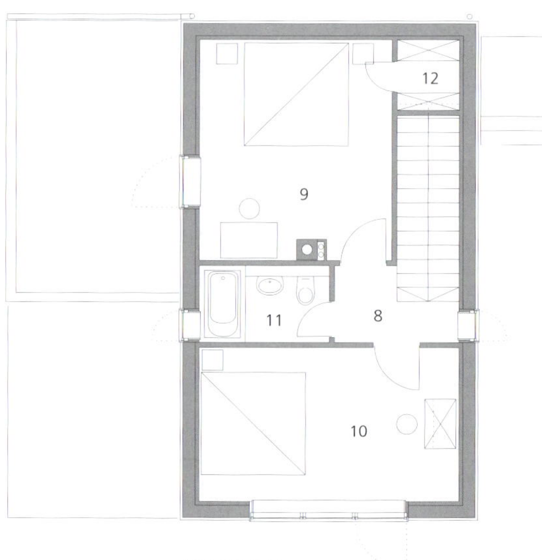

Obergeschoss

1 Eingang
2 Garderobe
3 Toilette
4 Essen
5 Kochen
6 Wohnen
7 Ofen
8 Flur
9 Eltern
10 Kind
11 Bad
12 Wandschrank

Links und unten Wohnzimmer und Ess-/Kochbereich sind mittels einer Wandscheibe getrennt, jedoch gleichzeitig durch einen breiten Durchgang ohne Tür miteinander verbunden. Ein Holzscheitofen sorgt bei Bedarf für die Erwärmung des kompakten Baukörpers.

Rechte Seite Die ovale Form der Tischplatte sowie die filigranen Gestelle von Tisch und Stühlen lassen den Raum größer wirken.

Rechte Seite unten Offener Raumeindruck: Blick durch das Erdgeschoss über die Terrasse in die Landschaft

Oben Blick vom Flur ins Elternschlafzimmer im Obergeschoss und ins Treppenhaus

Oben rechts Der Einbauschrank im Elternschlafzimmer zeichnet sich durch reduzierte Konstruktionen und einfache Materialien aus.

Unten beide Im Badezimmer wurde mit Farbe statt mit Fliesenflächen gearbeitet. Die Armatur hat der Bauherr aus einem gekrümmten Stahlrohr selbst hergestellt.

Oben Das Kinderzimmer mit Ausblick über den Ort und die Landschaft des Bayerischen Waldes

WICHTIGES IN KÜRZE

Standort: Bayerischer Wald
Baufertigstellung/Einzug: 2007
Grundstücksgröße: ca. 1.300 m²
Wohnfläche: ca. 95 m² zuzüglich 4 m² Nutzfläche und 14 m² Terrasse
Bruttorauminhalt (BRI): ca. 577 m³
Bauweise: Holzständerbau
Gesamtkosten brutto (inklusive Nebenkosten und Steuern): 125.000 Euro (zuzüglich 20.000 Euro Architektenhonorar laut HOAI)
Kostensenkende Faktoren: kompakter Baukörper, konsequente Wahl günstiger, arbeitszeitsparender Konstruktionen und Lösungen (z.B. geringe Querschnitte des Tragwerks), sehr gut nutzbarer, teils offener Grundriss, Beschränkung von Nutzflächen auf das unbedingt notwendige Maß (z.B. Bad, WC), teils Verzicht auf Innenwände, Einsatz günstiger Bauprodukte und Materialien (einfache Einbauschränke, Schiebetüren, günstige Massivholzdielen als Bodenbelag), Wahl eines günstigen Energiesystems (Holzscheitofen im Wohnbereich, passive Nutzung der Sonnenenergie durch große südseitige Verglasungen), Abstimmung der Planung auf gute Eignung für Eigenleistung (Holzständerbauweise mit Holzfassade), Einbringung von Eigenleistung (ca. 25 % der Handwerkerleistungen)
Heizenergiebedarf/Jahr: ca. 50 kWh/m²

100.000 €

TOWNHOUSE DER ANDEREN ART

Ein angedocktes Haus in der Lücke für zwei Personen

Architekt Peter Grundmann, Berlin

Im Unterschied zu anderen sogenannten Townhouses in Berlin und Umland, die schick und teuer, aber auch oft langweilig daherkommen, scheut der hier vorgestellte Lückenfüller kein kreatives Wagnis. Das gilt nicht nur für die expressive, dynamische Form, sondern fing schon bei der Auswahl des Bauplatzes an: Für ein Einfamilienhaus mehr als ungewöhnlich, befindet es sich nämlich in beziehungsweise über der Durchfahrt zwischen zwei Plattenbauten! Obgleich der Neubau in einer Kleinstadt angesiedelt ist, leben die Bauherrin und ihr Sohn, der inzwischen in Berlin studiert und regelmäßig zu Besuch kommt, in friedlicher Koexistenz mit den Nachbarn. Auch die anfangs große Zahl überrascht innehaltender Passanten hat sich inzwischen reduziert, das außergewöhnliche Architekturobjekt ist positive Normalität geworden.

Architektur als Wagnis

Ursprünglich als rein kreative Idee bei einem abendlichen Zusammensein mit Freunden geboren, verfolgten die Bauherrin und der Architekt Peter Grundmann das Projekt dennoch konsequent weiter. Aufgrund der begrenzten Mittel galt es, schon bei der Bauplatzsuche alle noch so ungewöhnlichen Möglichkeiten in Betracht zu ziehen. So machte der Planer zunächst 16 für eine Nutzung geeignete Restgrundstücke in der Stadt ausfindig; die gemeinsame Auswahl und die Gespräche mit den Besitzern führten schließlich zur Wahl und zum Kauf der endgültigen Parzelle, die der Stadt gehörte. Bei der winzigen Grundstücksfläche von nur 12 Quadratmetern gab es nur die Möglichkeit, in die Höhe zu gehen. Auch die für eine Feuerwehrdurchfahrt geltenden Abstände erforderten es, das Erdgeschoss sehr kompakt zu halten; es umfasst dementsprechend nur ein kleines Entree mit Abstellmöglichkeit und die Treppe.

Rechte Seite Abendstimmung: Ansicht des angedockten Hauses von der Straße

Sparplanung en détail

Um die Sparziele zuverlässig zu erreichen, war eine ganz auf Kostenersparnis angelegte Konzeption notwendig, die alle baulichen Bereiche umfasste. Beispielsweise sparte man durch die diagonale Stahlaussteifung Material ein, da so keine Ausbildung von biegesteifen Ecken nötig war und diese Konstruktion schnell montiert werden konnte. In die Betonplatten mit innenliegender PUR-Dämmung wurden bereits im Werk alle Fugen eingelassen, die als „Rahmen" für die Glasscheiben dienen und teure Glasfassadenkonstruktionen überflüssig machten. Auch die Installationen sind bereits ab Werk in die Beton-Sandwichelemente eingearbeitet, um den Arbeits- und Kostenaufwand auf der Baustelle zu minimieren. Ferner handelt es sich nicht um Sichtbetonqualität, sondern die Herstellungsspuren sind deutlich sichtbar. Die Böden im Erdgeschoss und ersten Obergeschoss sind aus Betonestrich, die im zweiten Obergeschoss aus Sperrholz. Die Grundstückseinfriedung besteht aus einem einfachen Wellgitter, der Eingangs- und Treppenturm wird von lichtdurchlässigen Hohlkammerplatten aus Polycarbonat eingefasst.

Abgrenzung statt räumlicher Trennung

Als raue, mit sichtbaren Verschraubungen ausgeführte Konstruktion aus dünnem, rohem Stahlblech ist die Treppe nicht nur vertikale Erschließungsachse des dreigeschossigen Bauwerks, sondern auch skulpturaler Blickfang. Die Wohnbereiche im ersten und zweiten Stocke werden von der Treppe durch schwere und schalldämmende Vorhänge aus rotem Stoff abgetrennt. Da Innenwände aus Kostengründen komplett fehlen, übernehmen die Vorhänge die räumliche Abgrenzung. Nur Waschbecken und Toilette sind tatsächlich abgetrennt – und zwar als Teil des großen Stauraumblocks im zweiten Obergeschoss, der – wie sein Pendant eine Ebene darunter – die unbefensterte nordseitige Außenwand in der Höhe und Länge vollständig ausnutzt. Ansonsten findet sich hier neben Badausstattung und Kleidungsdepot auch die Zentrale für die Heizungstechnik, im ersten Obergeschoss Küchen- und Kochutensilien

beziehungsweise die Bibliothek. Das multifunktionale Staumöbel hat der Planer selbst als einfache Fichtenholzkonstruktion ausgeführt, die Oberflächen bestehen aus kostengünstigen, transluzenten Glasfaserplatten.

Zeitgemäße Wohnqualität trotz Spararchitektur

Auch wenn nicht alles nach landläufiger Vorstellung „perfekt" ist und das Bad vielleicht etwas größer sein könnte, ist die Wohnqualität insgesamt sehr hoch. Das liegt nicht zuletzt daran, dass auf der Süd- wie auch der Nordseite große Glasflächen für viel Licht in den Räumen sorgen. Auf der mittleren Ebene entstand – ungeachtet des niedrigen Kostenrahmens – bei Küche und Essplatz sogar eine gläserne Loggia mit überdeckter Terrasse. Darüber schaffen zwei mit farbigen Glasfaserplatten verblendete Balkone zusätzliche Möglichkeiten zum Aufenthalt im Freien. Zur gut besonnten Straßenseite hin sind Spannseile aus Stahl montiert, an denen die Bauherrin während der warmen Jahreszeit einen (natürlich ebenfalls kostengünstigen) Außenvorhang befestigt. Durch den Verzicht auf Innenwände, der bei der aktuellen Nutzung kein Problem darstellt, konnten Kosten in deutlich fünfstelliger Höhe eingespart werden. Gleichzeitig sorgt diese Offenheit für eine angesichts der Wohnfläche von 46 beziehungsweise 47 Quadratmetern je Geschoss erstaunlich großzügige Raumwirkung – auch dank der pfiffigen Stauraumlösung mit den beiden großen Einbauabteilen.

Links oben Hofansicht

Links Mitte Die transluzenten Polycarbonatplatten machen den Eingangsbereich und Treppenturm zum Leuchtkörper.

Links unten Die Verbindungstreppe zwischen Eingangsbereich und erstem Obergeschoss

Rechte Seite Die offenen Raumstrukturen verleihen der Wohn-, Ess- und Kochebene eine beeindruckende Wirkung. Die filigrane Spindeltreppe aus Stahl ist eher zurückhaltende Raumkunst, als dass sie den Blick verstellen würde.

Oben Essplatz am Glaskasten: Die Dachterrasse ist durch zwei Glasscheiben als transparente Loggia inszeniert. Die nur teilweise gestrichenen, rauen Betonoberflächen sind eine der zahlreichen Sparideen.

Rechte Seite Wohndesign im Low-Budget-Haus: Die Innenarchitektur lässt nicht erahnen, wie günstig dieses Bauvorhaben war. Blick über den Essplatz zur Küche, links die verglaste Loggia.

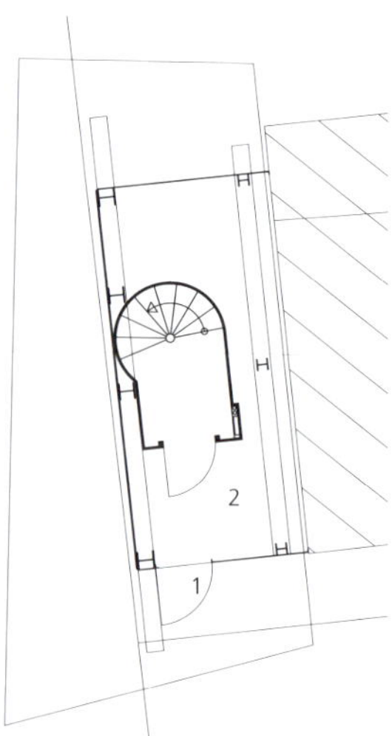

Erdgeschoss

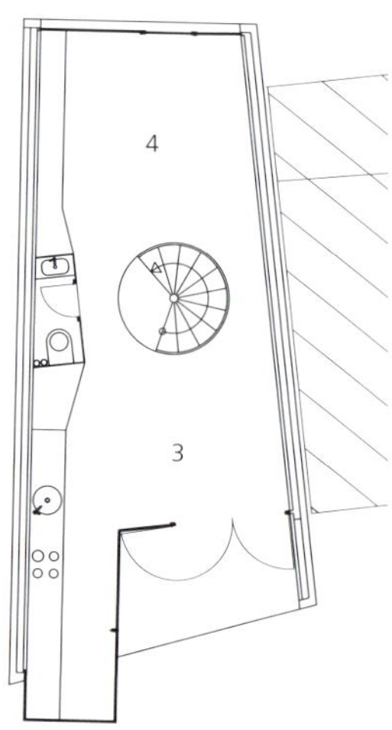

1. Obergeschoss

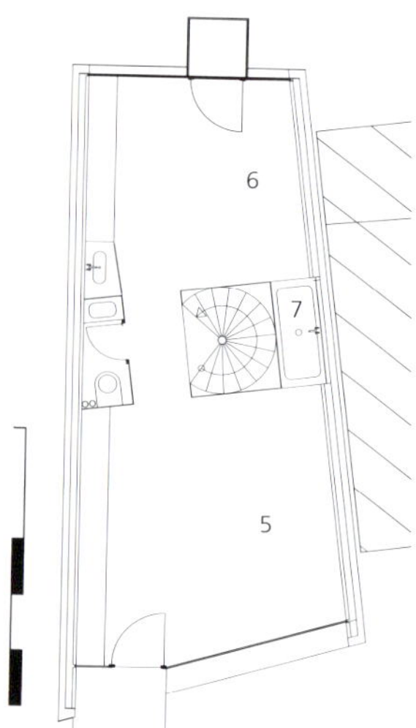

2. Obergeschoss

1 Eingang
2 Diele
3 Kochen
4 Wohnen
5 Kind
6 Schlafen
7 Bad

Linke Seite oben Das Schlafzimmer ist nach hinten zum Hof orientiert.

Linke Seite links Das Zimmer des Sohns hat einen eigenen Balkon, dessen Brüstung aus grünen Kunststofftafeln besteht.

Linke Seite Mitte Beide Zimmer im zweiten Obergeschoss haben einen Bodenbelag aus attraktiv gemasertem, günstigem Sperrholz. Die lange, mit transparenten Glasfaserplatten verkleidete Einbauwand nimmt neben Abteilen für Kleidung und andere Gegenstände auch das WC auf.

Linke Seite rechts Detail einer Schrankwand aus Glasfaserplatten

Oben Im Zimmer des Sohns: Wohntextilien, eine geschmackvolle Möblierung sowie der warme Boden schaffen eine behagliche Atmosphäre.

WICHTIGES IN KÜRZE

Standort: Mecklenburg-Vorpommern
Baufertigstellung: 2008
Grundstücksgröße: 12 m²
Wohnfläche: ca. 93 m² zuzüglich ca. 12 m² Nutzfläche (Entree), ca. 6 m² Loggia und ca. 2 m² Balkone
Bruttorauminhalt (BRI): 698 m³
Bauweise: Mischbauweise (Beton, Stahl)
Gesamtkosten brutto (inklusive Honorare, Nebenkosten und Steuern): ca. 100.000 Euro
Kostensenkende Faktoren: kompakter Baukörper, konsequente Wahl günstiger, arbeitszeitsparender Konstruktionen und Lösungen (z.B. einfache Betonwände, unbehandelter Estrich als Fußbodenbelag, weitgehend für Fenster und Installationen vorbereitete Betonteile), sehr gut nutzbarer, offener Grundriss mit konzentrierter Stauraumlösung, Beschränkung von Nutzflächen auf das unbedingt notwendige Maß (z.B. Bad, WC), Verzicht auf Innenwände und Türen, Einsatz günstiger Bauprodukte und Materialien (Polycarbonatplatten am Treppenhaus, Einbauschränke, Balkonbrüstungen etc. aus Glasfaserplatten, Sperrholz als Bodenbelag im 2. OG), Wahl eines günstigen Energiesystems (Stadtgas), Abstimmung der Planung auf gute Eignung für Eigenleistung, Einbringung von Eigenleistung durch das Architektenteam (ca. 30 % der Handwerkerleistungen) sowie im Vorfeld intensive Suche nach einem preiswerten Baugrundstück
Heizenergiebedarf/Jahr: ca. 50 kWh/m²

160.000 €

GROSSZÜGIGKEIT OHNE BARRIEREN

Eleganter Bungalow für die Generation 60+ – und für alle anderen

Architekt Heino Heine, Porta Westfalica/Nordrhein-Westfalen

Wenn heute Wohnhäuser neu errichtet werden, sollten sie neben dem Kostenaspekt auch die Eignung für das Wohnen in allen Lebensphasen berücksichtigen. Das ist im Grunde für alle Baumaßnahmen sinnvoll, besonders aber natürlich dann, wenn die Bauherren – wie in diesem Fall – um die 60 Jahre alt sind. Der Architekt Heino Heine fand hierfür die passende Lösung, indem er einen klassischen, ebenerdigen Bungalow mit Flachdach vorschlug, der den Bauherren gleich gefiel. Der rote Kubus bildet architektonisch einen wirkungsvollen Kontrast zur alten Scheune, an die er angebaut ist.

Barriere- und schwellenfrei, auf alles vorbereitet

Die großen, stehenden Fensterformate sind bodentief eingebaut und weisen keine Stolperschwellen auf, sodass die Bewohner auch im Falle einer Gehbehinderung problemlos von drinnen auf die Terrasse und von dort in den Garten gelangen könnten. Im Inneren gibt es ebenfalls keine Niveauunterschiede und keine Barrieren: Die Durchgangsbereiche sowie die Radien im Bereich der Türen sind jeweils so bemessen, dass sie auch mit dem Rollstuhl bequem befahrbar sind. Im bewusst großzügig dimensionierten Badezimmer ist alles auf altersbedingte Eventualitäten vorbereitet – inklusive schwellenloser Erreichbarkeit der Dusche.

Der Grundriss beschränkt sich keineswegs auf eine altersgerechte Organisation, sondern hat allgemein räumliche Großzügigkeit zum Ziel. Der nach Süden und Westen orientierte, ohne Zwischenwände auskommende Wohn-, Ess- und Kochbereich misst schon allein fast 45 Quadratmeter. Insgesamt kommt das Zwei-Personen-Haus auf fast 100 Quadratmeter Wohn- und Nutzfläche auf einer einzigen Ebene. Noch wichtiger als die schieren Abmessungen sind für die Raumwirkung aber die hervorragende Belichtung, die funktionale Lichtführung und die langen Sichtachsen durchs Gebäude.

Rechte Seite oben Ansicht des Anbaus von Südosten mit der alten Scheune im Hintergrund

Rechte Seite unten Ansicht von Süden

Kostengünstig trotz Passivhaus-Komponenten

Eines der wichtigsten Anliegen neben der modernen Gestaltung und der Barrierefreiheit war für die Bauherren, auch energietechnisch auf dem neuesten Stand zu sein, um in der Zukunft vor diesbezüglichen Investitionen gefeit zu sein und um die Betriebskosten gering zu halten. Eine kontrollierte Be- und Entlüftungsanlage mit Wärmerückgewinnung, die ansonsten vor allem in Passivhäusern anzutreffen ist, eine Luft-Wasser-Wärmepumpe für die Brauchwasserbereitung und eine Abluftwärmepumpe für die Beheizung des Gebäudes sorgen für eine zeitgemäße Energieversorgung, durch die hocheffiziente Dämmung und die Luftdichtigkeit bleibt die Wärme im Haus. Angesichts des hohen energetischen Standards, der mit Kosten von etwa 25.000 Euro verbunden war, ist die letztlich erreichte Bausumme von ca. 160.000 Euro umso erstaunlicher. Dies konnte nur dadurch gelingen, dass die Planung mit Material- und Arbeitskosten besonders sparsam umgegangen ist. Die Holzrahmenbauweise mit einer Reihe einheitlicher Bauteile wie etwa identische Fenster zählt hierzu ebenso wie die bewusste Beschränkung der Erschließungsflächen; Durchgangsbereiche haben im Haus meist auch eine weitere Funktion, etwa die einer Bibliothek beziehungsweise eines Büros.

Eine Scheune als räumliche Ergänzung

Der vom Architekten angewandte Kunstgriff, eine bestehende, nicht als vollwertiger Wohnraum ausgebaute Scheune zur Ergänzung des Raumprogramms heranzuziehen, verdient besondere Erwähnung. Direkt an die Scheune anschließend, nutzt der neue Flachdachbau diese als Eingangs-, Abstell- und Werkstattbereich, im Sommer auch als überdachten Innenhof und zweites Wohnzimmer sowie zur Unterbringung der Energietechnik. So konnten im Wohnhaus Flächen eingespart, dadurch Kosten gesenkt und die Raumwirkung insgesamt großzügiger gestaltet werden.

165.000 €

WOHNPAVILLON FÜR ZWEI

Neuer Bungalow für die zweite Lebenshälfte

K2 Architekten, Bovenden/Niedersachsen

Immer öfter stellen sich Bauherren jenseits der 50 die Frage, wie sie sich ihr Zuhause in der zweiten Lebenshälfte vorstellen. In diesem Fall trafen die Bauherren die Entscheidung, das Einfamilienhaus dem erwachsenen Kind mit Familie zu überlassen, während sie sich selbst einen kompakten Bungalow im Garten bauen ließen. Sie wünschten sich ein in der Fläche reduziertes und damit leicht zu unterhaltendes Domizil, das auf alle möglichen künftigen Entwicklungen vorbereitet sein sollte und für ein vorgegebenes, knappes Budget verwirklicht werden konnte.

Gartenhaus auf eigenem Grund

Irmgart Kösters von K2 Architekten, spezialisiert in kostensparender Planung, schlug den Typ des Bungalows vor. Dieser bietet schon durch seine ebenerdige Anlage beste Voraussetzungen, um eine barriere- und schwellenfreie, altersgerechte Planung zu verwirklichen. In diesem Fall war hinter dem früheren Wohnhaus ein besonders schönes Grundstück vorhanden, das sich bestens für die Verwirklichung eines Wohnpavillons eignete. Die bestehenden Bäume blieben großenteils stehen und bilden nun einen gewachsenen grünen Rahmen für den Bungalow.

Kleines Haus, große Wohnqualität

Ungeachtet der räumlichen Nähe zum Vorderhaus gelang es, den Neubau so zu platzieren und dessen Fassadenausschnitte so zu gestalten, dass beiden Familienteilen ausreichend Intimsphäre bleibt. Die Frühstücksterrasse des Bungalows ist so angelegt, dass sie mit Morgensonne beschienen wird.

Der Eingangsbereich ist als eine Art grüner Tunnel ausgebildet, ein blühendes Atrium empfängt den Besucher und nimmt damit das bauliche Thema des „Gartenpavillons" vorweg. Da ein Satteldach baurechtlich vorgeschrieben war, planten die Architekten auf dem Flachdach einen Aufbau mit Spitzdach ein, der auch für eine gute Belichtung des Innenraums sorgt. Zudem unterstützt das so vergrößerte Volumen die Raumwahrnehmung. Die sehr gute Ausstattung mit Oberlichtern und Dachfenstern, die ein weiches Licht spenden, macht den Aufenthalt in allen Räumen zu einem ebenso hellen wie angenehmen Erlebnis. Gleichzeitig ermöglichte die Belichtung von oben eine weitgehend freie Gestaltung des Grundrisses.

Das Raumprogramm ist reduziert, aber keineswegs spartanisch. Insbesondere im Bereich des Entrees ist genügend Abstell- und Lagerfläche vorhanden, dem Gäste- und Arbeitszimmer ist sogar ein eigenes Bad zugeordnet. Das Reich der Bauherren besteht aus dem offenen, nach Süden und Westen ausgerichteten Wohn-, Ess- und Kochbereich, einem Schlaf- und einem Badezimmer.

Tricks und Kniffe für Wohnwert und Spareffekt

Die geringe bebaute Fläche half ebenso beim Erreichen des Sparziels wie eine konsequente Beschränkung auf das wirklich Benötigte.

Der offene Wohnraum brachte insofern Kostenvorteile, als er ohne trennende Wände und Türen auskommt. Der ungewöhnliche, an der Nordostecke spitzwinklig zulaufende Grundriss des Zimmers sparte nicht benötigte Fläche ein und ermöglichte es andererseits, einen schönen alten Baum zu erhalten, der jetzt durch die großen Verglasungen zum Garten einen Blickfang bildet.

Die Deckenhöhen beschränkte man mit 2,40 Metern auf das notwendige Maß, denn jede Verringerung von Baumasse spart bares Geld. Aufgrund des großzügigen Dachaufbaus war dies ohne Einbußen beim Raumgefühl möglich.

Rechte Seite Das Haus liegt mitten in einem eingewachsenen Garten. Die Bäume spenden Schatten und tun der Wohnatmosphäre gut. Das teilweise aufgesetzte Spitzdach ist gut zu erkennen.

Oben und unten Im Schlafzimmer wie auch im Bad schaffen Oberlichtbänder eine schöne Lichtstimmung ohne direkte Einblicke und gewährleisten einen guten Warmluftabzug im Sommer.

Oben Wohnen, Essen und Kochen sind zusammenhängend und ohne Zwischenwände organisiert, das Spitzdach schafft mehr Deckenhöhe, sorgt für eine angenehme Belichtung und ein behagliches Wohngefühl. Die über Schiebetüren zugängliche Terrasse ist schwellenfrei angebunden.

Rechts Ausblick von der Küche in den Garten

Oben Zugang zum Eingangsbereich

Oben rechts Der Atriumhof vor dem Arbeits- und Gästezimmer mit Hortensien

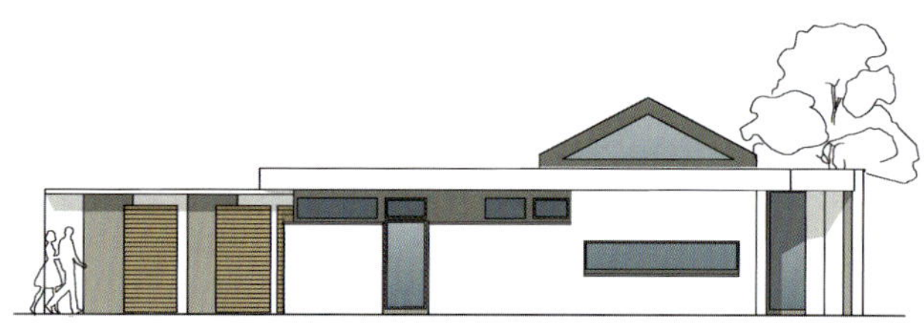

Ansicht Süd

Ansicht West

1 Eingang
2 Flur
3 Arbeiten / Gast
4 Schlafen
5 Bad
6 Kochen
7 Wohnen / Essen
8 Toilette
9 Hauswirtschaftsraum
10 Abstellkammer
11 Zugang

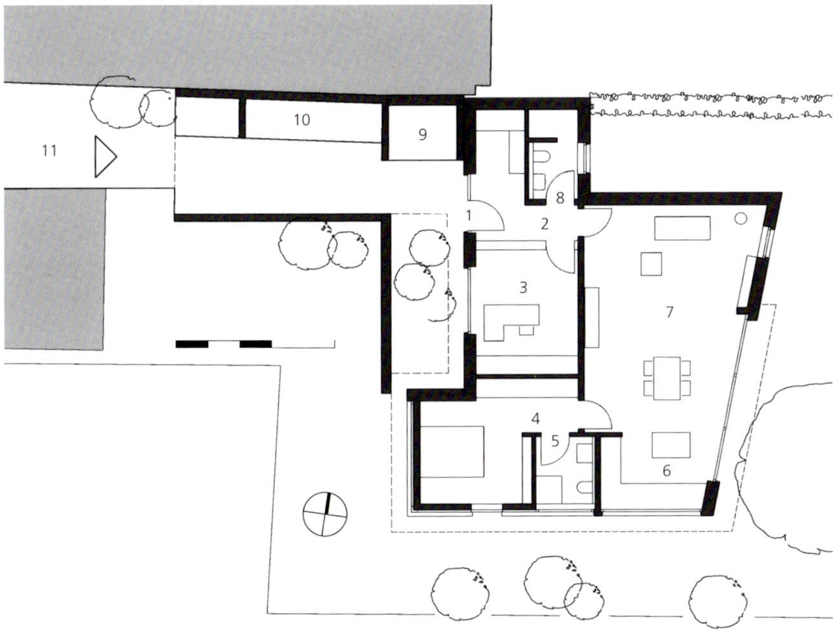

Grundriss

WICHTIGES IN KÜRZE

Standort: bei Göttingen/Niedersachsen
Baufertigstellung: 2010
Grundstücksgröße: 725 m²
Wohnfläche: 100 m² zuzüglich 16 m² Nutzfläche
Bruttorauminhalt (BRI): 444 m³
Bauweise: massiv (Mauerwerk, gedämmt)
Gesamtkosten brutto (inklusive Honorare, Nebenkosten und Steuern): 165.000 Euro
Kostensenkende Faktoren: kompakter Baukörper, großenteils Flachdach, konsequente Wahl günstiger, arbeitszeitsparender Konstruktionen und Lösungen, sehr gut nutzbarer, offener Grundriss mit effizientem Stauraum (z.B. Trennwand Flur/Arbeitszimmer als Regal ausgebildet, Einbauschränke in Nischen), Beschränkung von Nutz- und Verkehrsflächen auf das unbedingt notwendige Maß (z.B. nur ein Flur), im Wohnraum Verzicht auf Innenwände und Türen, Einsatz günstiger Bauprodukte und Materialien (weiße, einfache Fliesen, Duschvorhänge statt -kabinen), Wahl eines günstigen Energiesystems (Gas-Brennwerttherme), günstige Handwerkerpreise durch Vergabe an bekannte Betriebe aus der Region, Abstimmung der Planung auf gute Eignung für Eigenleistung, Einbringung von Eigenleistung sowie kostenloses Baugrundstück (im eigenen Besitz)
Heizenergiebedarf/Jahr: ca. 80 kWh/m²

162.000 €

KLEINES GRUNDSTÜCK OPTIMAL GENUTZT

Ein Wohnturm als Sparhaus

Irmgart Kösters/K2 Architekten, Bovenden/Niedersachsen

Auf kleinen Parzellen sind dem Spielraum des Planers besonders enge Grenzen gesetzt. Das Erreichen des Low-Budget-Ziels bei Wahrung der architektonischen wie innenräumlichen Qualität ist nicht einfach – aber keineswegs unmöglich, wie dieses Einfamilienhaus bei Göttingen zeigt.

Sparen und Ästhetik

Die mit 333 Quadratmetern für einen Dreipersonenhaushalt mehr als knapp bemessene Grundstücksfläche war dem begrenzten Budget geschuldet; andererseits musste aber der Raumbedarf irgendwie erfüllt werden. Insgesamt summiert sich die Wohnfläche auf 134 Quadratmeter, untergebracht in einem dreigeschossigen, turmähnlichen Baukörper mit Pultdach. Während die beiden unteren Ebenen gleich groß sind, rückt das als Atelier dienende Staffelgeschoss zugunsten einer Dachterrasse etwas zurück. Von dort oben ist der Ausblick über Göttingen und das Leinetal besonders attraktiv. Die Füllung der Terrassenbrüstung besteht aus einem einfachen, aber stabilen Drahtgeflecht, das nicht nur kaum etwas gekostet hat, sondern auch optisch praktisch nicht in Erscheinung tritt.

Links und rechte Seite Das Gebäude von der Straßenseite. Orangefarben abgesetzte Fassadenpartien setzen individuelle Akzente. Die dritte Ebene schließt das Haus nach oben penthouseartig ab.

Um günstig bauen zu können, ist das kubische Bauwerk sehr kompakt und geradlinig gehalten. Gut und kostensparend bilden orangefarbene Türen und Fassadenbereiche gestalterische Akzente, der an eine Schiffskajüte erinnernde Dachaufbau ist mittels anthrazitfarbener Faserzementtafeln abgesetzt. Farbig gestaltete Fassadenbereiche und gezielt gesetzte Fensterausschnitte treten auf allen vier Hausseiten in eine spannungsreiche Zwiesprache. Durch die Vergabe an persönlich bekannte, kompetente Familienbetriebe aus der Region konnte das Budget trotz der drei Wohngeschosse eingehalten werden.

Das Raumprogramm: Weniger ist mehr

Die viertelgewendelte, zweigeschossige Holztreppe beansprucht wenig Platz und spart damit Verkehrsfläche. Auch Nebenflächen wie der Hauswirtschafts- und Technikraum im Erdgeschoss sind so knapp bemessen wie nur möglich. Dadurch konnten die eigentlichen Wohnräume vergleichsweise geräumig ausfallen. Sie sind allesamt nach Süden orientiert, die großen Verglasungen schaffen eine in diesem Maße eigentlich nicht vorhandene Großzügigkeit. Die Böden bestehen überwiegend aus günstigem Eiche-Hochlamellenparkett, das durch seine Einheitlichkeit und seinen hochwertigen Materialcharakter die Wirkung der Räume weiter aufwertet. Die Funktionen Wohnen, Essen und Kochen im Erdgeschoss sind in einem Raum untergebracht, auf kostspielige Zwischenwände und Türen hat man hier ebenso verzichtet wie im Dachgeschoss. Nur im Obergeschoss besteht eine Aufteilung in Eltern- und Kinderzimmer, Gäste-/Arbeitszimmer und Bad/WC. Eine separate Toilette gibt es im Erdgeschoss. Die Sanitärausstattung genügt somit vollkommen für drei Personen, fallweise ergänzt um einen Übernachtungsgast.

Linke Seite oben Die Küche ist bestimmt durch den Kontrast von weißen Oberflächen und Eichenholz, das die Materialität des Bodens aufnimmt.

Oben und linke Seite unten Wohn- und Essbereich sind zusammengefasst, sodass sich Zwischenwände erübrigen. Trotz begrenzter Fläche ist das Wohngefühl großzügig.

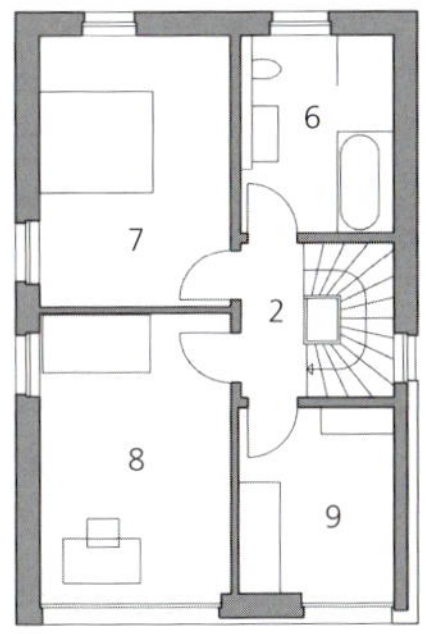

Obergeschoss

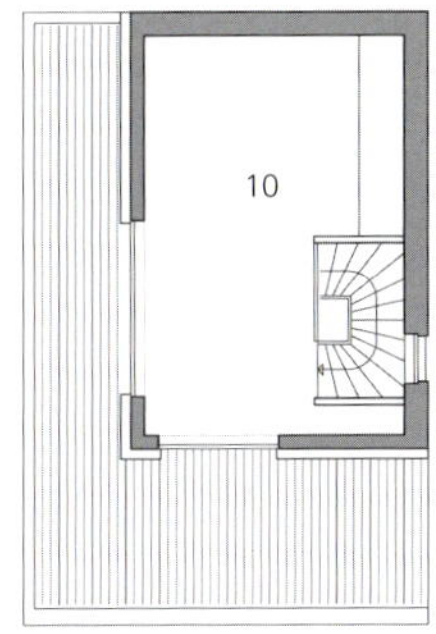

Dachgeschoss

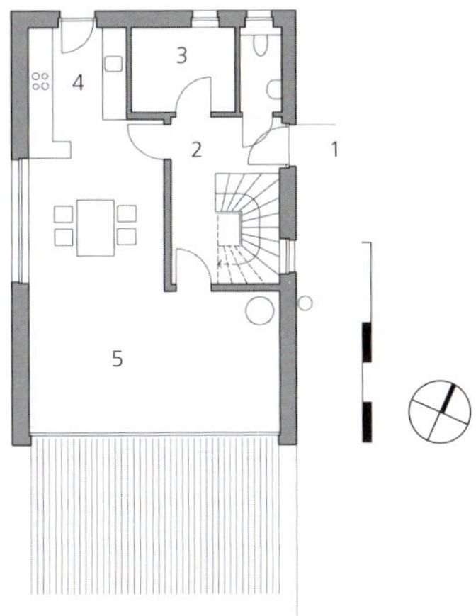

Erdgeschoss

1 Eingang
2 Diele
3 Hauswirtschaftsraum
4 Kochen
5 Wohnen / Essen
6 Bad
7 Gast
8 Kind
9 Arbeiten / Gast
10 Studio / Schlafen

Linke Seite oben Unter dem Pultdach des Staffelgeschosses entstand ein großzügiger Studioraum.

Linke Seite unten beide Das Kinderzimmer und das Elternschlafzimmer, beide durch große Glasflächen ideal belichtet, befinden sich im Ober- und im Dachgeschoss. Das Raumgefühl wirkt nirgends beengt.

Unten Blick ins neben dem Schlafzimmer gelegene Bad

WICHTIGES IN KÜRZE

Standort: bei Göttingen/Niedersachsen
Baufertigstellung: 2007
Grundstücksgröße: 333 m²
Wohnfläche: 134 m² zuzüglich 16 m² Terrasse
Bruttorauminhalt (BRI): 585 m³
Bauweise: massiv (Mauerwerk, gedämmt)
Gesamtkosten brutto (inklusive Honorare, Nebenkosten und Steuern): 162.000 Euro
Kostensenkende Faktoren: kompakter Baukörper, konsequente Wahl günstiger, arbeitszeitsparender Konstruktionen und Lösungen (z.B. Pultdach mit Eternitwellplatten, Fliesen nur im Spritzwasserbereich, überwiegend Festverglasungen, einheitlicher Bodenbelag), sehr gut nutzbarer, offener Grundriss mit konzentriertem Stauraum, Beschränkung von Nutz- und Verkehrsflächen auf das unbedingt notwendige Maß (z.B. Flure), im Wohnraum Verzicht auf Innenwände und Türen, Einsatz günstiger Bauprodukte und Materialien (z.B. einfaches Drahtgeflecht als Terrassenbrüstung, Kunststofffenster, einfache weiße Fliesen), günstige Handwerkerpreise durch Vergabe der meisten Gewerke an Familienbetriebe aus der Region, Abstimmung der Planung auf gute Eignung für Eigenleistung, Einbringung von Eigenleistung (ca. 12 % der Handwerkerleistungen) sowie kleines, daher günstiges Baugrundstück
Heizenergiebedarf/Jahr: 70 kWh/m²

143.000 €

Links unten und rechte Seite Hausansichten von der Eingangsseite. Das am Hang gelegene Haus ist von einer selbst entworfenen Holztreppe erschlossen, eine Platane gibt den Hausbaum.

VIELGESTALTIG WIE EIN KRISTALL

Spartraumhaus für zwei

K2 Architekten, Bovenden/Niedersachsen

»Die Gleichen« gehören zu einer Landschaft in Niedersachsen, die den Charakter eines niedrigen Mittelgebirges hat. Dort finden sich auch interessante Felsformationen, die Anregung für das hier vorgestellte Einfamilienhaus gaben. Irmgart Kösters entwarf ein kleines, aber höchst vielgestaltiges Domizil für eine Bühnenbildnerin und ihren Mann, das in jeder Ecke von Kreativität bestimmt ist. Zum einen galt es für die Architekten, den Ausblick in die Landschaft von allen Zimmern bestmöglich zu inszenieren, zum anderen sollte die äußere Form des Bauwerks die Strukturen des regionalen Gesteins aufgreifen und interpretieren.

Das grüne Umfeld hereingeholt

Für die Bauherren, zwei passionierte Hobbygärtner, war es von Anfang an wichtig, die Architektur mit dem Grünraum zusammenzuschalten. Durch die asymmetrische Bauform und Grundfläche sowie gezielt gesetzte Einschnitte, durch die ein grünes Atrium entstand, entsteht eine enge Verzahnung von innen und außen, die Ausblicke in die Landschaft sind bestens inszeniert. Ein „Lichtspalt" nach Südwesten holt die Sonne durch das Atrium weit ins Haus hinein. Die ohne Zwischenwände und Türen auskommende Wohn-, Ess- und Kochebene im Obergeschoss begünstigt die Verteilung des Lichts und verringert die Baumasse wie auch die Kosten. Im Haus zeigt sich die Kreativität der Familie, im Garten ihr enger Bezug zur Natur. Er steht im Sommer in üppiger Pracht. Inzwischen ist auch ein großer Teich angelegt worden.

Raumwunder auf kleiner Fläche

Bescheidung hinsichtlich Fläche und Raumvolumen gehört zu den wichtigsten Geboten beim Low-Budget-Bauen. Auf einer nur 75 Quadratmeter messenden Bodenplatte und bei 119 Quadratmetern Gesamtwohnfläche entstand ein vielgestaltiges Raumkunstwerk, das immer neue Perspektiven eröffnet. Die Raumhöhen wählte man mit 2,40 Metern bewusst etwas niedriger als üblich, da mehr auch nicht nötig ist. Ferner sparte die kristallähnliche Form beträchtlich Raumvolumen, ohne dass dies auf Kosten der gefühlten Größe ginge. Die gut gesetzten Fassadenöffnungen erweitern die Räume optisch, unnötige Barrieren werden vermieden und zudem jeder Quadratmeter bestens ausgenutzt: Die Heizungszentrale beansprucht hier keinen eigenen Raum, sondern ist unter der Treppe „versteckt". Für die Waschmaschine reicht anstelle eines eigenen Hauswirtschaftsraums eine Ecke im ohnehin nur sporadisch genutzten Gästebad. Ansonsten kann aber auch im Gartengeschoss nicht von einer spartanischen Behausung gesprochen werden; neben dem großen Schlafraum und dem Gästezimmer mit eigenem Bad gibt es sogar einen Saunabereich mit Innenhof!

Endausbau ohne Luxus

Gespart hat man hier keineswegs an Wohnqualität, sondern an Überflüssigem. Der ästhetisch gewollte Verzicht half, Arbeitszeit und Material beträchtlich zu reduzieren, was dem Wunsch der Bauherren entsprach. Erwähnenswert ist auch der geringe Heizenergiebedarf, der unter anderem durch die energetisch sinnvolle Fassadengestaltung und die effiziente passive Nutzung der Sonnenenergie zustandekommt.

1 Eingang
2 Garderobe
3 Bad
4 Kind/Gast
5 Schlafen
6 Innenhof
7 Sauna
8 Dusche
9 Toilette
10 Luftraum
11 Wohnen
12 Kamin
13 Balkon
14 Kochen
15 Essen

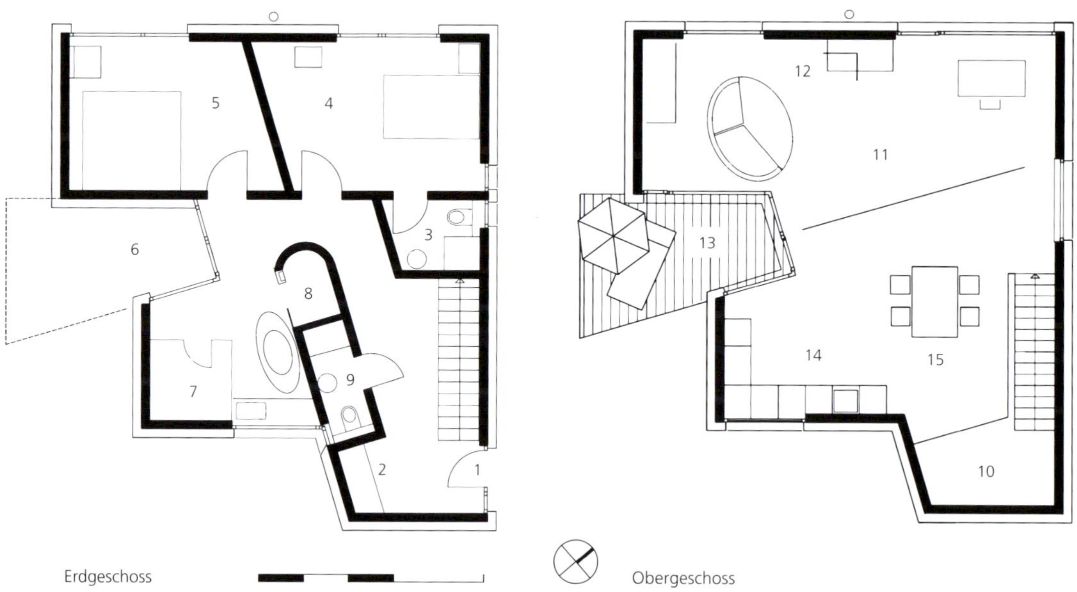

Linke Seite links Ansicht von Nordwesten

Linke Seite rechts und diese Seite oben
Gebäudeeinschnitt mit dem Balkon im Obergeschoss, dahinter der offene Wohnbereich. Die großflächige Verglasung nach Südwesten holt bei Sonnenschein viel kostenlose Wärme ins Haus. Die Warmluft steigt nach oben und verteilt sich aufgrund der kompakten und doch offenen Form optimal im Haus; im Erdgeschoss und im Schlafzimmer bleibt es angenehm kühl.

WICHTIGES IN KÜRZE

Standort: bei Göttingen/Niedersachsen
Baufertigstellung: 2010
Grundstücksfläche: 594 m²
Wohnfläche: 119 m² zuzüglich 11 m² Terrasse
Bruttorauminhalt (BRI): 555 m³
Bauweise: Massivbau
Gesamtkosten brutto (inklusive Honorare, Nebenkosten und Steuern): 143.000 Euro
Kostensenkende Faktoren: kompakter Baukörper, konsequente Wahl günstiger, arbeitszeitsparender Konstruktionen und Lösungen (z.B. günstige Statik durch geringe Spannweiten im EG, im OG Verzicht auf Innenwände und Türen, keine Schiebetüren und wenige Öffnungsflügel, teils geringere Deckenhöhen, Innenputz nur grundiert, gestrichener Estrich als Bodenbelag), sehr gut nutzbarer, offener Grundriss mit konzentriertem Stauraum (z.B. Heizungszentrale unter der Treppe), Beschränkung der reinen Nutz- und Verkehrsflächen sowie der Wohnfläche auf das notwendige Maß (z.B. Bad geht in Flur über, minimaler Platzbedarf für Bäder/WC), Einsatz günstiger Bauprodukte und Materialien (z.B. Treppenbelag aus Buchenleimholzplatten, Kunststofffenster), günstige Handwerkerpreise durch Vergabe an bekannte, kleinere Unternehmen aus der Region, Einbringung von Eigenleistung (Malerarbeiten, ca. 6 % der Handwerkerleistungen)
Heizenergiebedarf/Jahr: 51 kWh/m²

ab ca. 145.000 €

DAS WANDELBARE KLEINFAMILIENHEIM

Ein Haus für drei bis vier Personen

Krauss Innovation, Bodnegg-Rotheidlen/Baden-Württemberg

Es ist kein Geheimnis, dass sich Veränderungen in der Bevölkerungsstruktur und in den Wohnansprüchen naturgemäß auch auf die Vorstellungen von Bauherren auswirken. Wurde früher oft am tatsächlichen Platzbedarf und an den eigenen finanziellen Möglichkeiten vorbeigeplant, soll das Eigenheim heute meist kompakt in den Abmessungen, günstig im Preis und dennoch großzügig in der Raumwirkung sein. Ein solches Haus eignet sich auch für kleine Grundstücke zwischen 300 und 400 Quadratmetern. Hinzu kommt der Wunsch nach ansprechender Architektur, einem geringen Energieverbrauch, zeitgemäßer Haustechnik und baubiologischer Unbedenklichkeit. All dies zu vereinen, gelingt nicht oft. Das hier vorgestellte, von dem im Stahl- und Wintergartenbau beheimateten Unternehmen Krauss Innovation entwickelte System jedoch überzeugt in jeder Hinsicht und bietet eine große Palette von Varianten.

Minihaus ganz groß

Das sogenannte Minihaus ist mit zwei vollwertigen Wohnebenen ausgestattet und umfasst pro Ebene drei Wohnräume, die je nach Bedarf auch zusammengelegt werden können. Die Funktionen Wohnen, Essen und Kochen befinden sich gemeinsam mit dem Haustechnikraum im Erdgeschoss, darüber liegen das Elternschlaf- und das Kinderzimmer sowie das Bad. Die großflächig verglaste Südwestecke sorgt zum einen für optimale Belichtung und eine gute passive Solarenergienutzung, zum anderen wertet sie das Raumgefühl optisch bedeutend auf. Raumgewinn bringt die in der nordöstlichen Hausecke eingebaute Spindeltreppe mit ihren geringen Radien. Bei Bedarf ist das Raumprogramm noch erweiterbar.

Rechte Seite Ansicht von Südwesten. Die hier mit Glasplatten gestaltete Fassade ist auch in alternativen Ausführungen erhältlich.

Kostenvorteile durch Standardisierung und Reversibilität

Die standardisierte Herstellung und Montage der Massivholz-Fertigbauteile für Böden, Wände und Decken wirkt sich ebenso wie die übrige Konstruktion positiv auf die Bauzeit aus. Die Fassaden- und Fensterausschnitte beschränken sich auf wenige Formate, auf den sonnenabgewandten Seiten sind ohnehin nur kleine Übereckverglasungen vorgesehen. Da sämtliche Installationsleitungen vor den Wänden geführt werden, minimiert sich der Arbeits- und Kostenaufwand für sonst anfallende Schlitz- und Stemmarbeiten. Als Wandverkleidung dienen MDF-Platten (Mitteldichte Faserplatte), die bemalt, tapeziert oder anderweitig endbehandelt werden können und durch ein spezielles Einhängesystem flexibel und reversibel sind. So bleiben die Leitungsbahnen bei Bedarf jederzeit erreichbar und lassen sich daher gegebenenfalls kostengünstig und mit geringem Aufwand reparieren, aber auch an neue technische Standards und Erfordernisse anpassen. Auf Wunsch regeln automatische Steuerungskomponenten nahezu alle denkbaren Funktionen – von der Heizung bis hin zur Gebäudeüberwachung.
Die planvolle Reversibilität schließt auch die Fassaden ein; grundsätzlich besteht die Wahlmöglichkeit zwischen Glas-, Cortenstahl-, Aluminiumwellblech- und Holzleistenfassade. Allen Materialien gemein ist, dass die Elemente dank der angewandten Montagetechnik sehr schnell entfernt und ausgetauscht werden können.

Wohngesund und energieeffizient

Da alle Innen- und Außenwände ebenso wie Böden und Decken aus massiven Holzfertigteilen (Leno-Kerto-Holz) bestehen, können sie Luftfeuchtigkeit aufnehmen und abgeben, dampfabsperrende Folien finden sich nicht. Eine integrierte Luftdichtigkeitsebene gewährleistet im Zusammenspiel mit der außen liegenden Dämmschicht (im Wandbereich aus eingeblasener Zellulose) hohe Energieeffizienz und ein angenehmes Innenraumklima.

Links Blick in die Dusche

Unten Das auf den Fotos gezeigte Beispiel weicht teilweise von den Grundrissvarianten ab.

Rechte Seite Die großen Verglasungen auf zwei Seiten des Hauses sorgen für eine optimale Belichtung.

Erdgeschoss, Variante

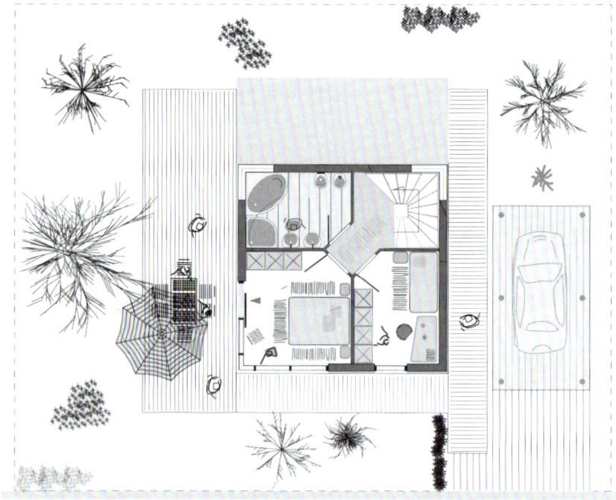

Obergeschoss, Variante

Li
ab
Ol
m

Re
Ge

ab ca. 150.000 €

KLEIN UND VIELSEITIG

Designhaus für Singles und Paare

Krauss Innovation, Bodnegg-Rotheidlen/Baden-Württemberg

Eine kleinere und designorientierte Alternative zum Minihaus auf den vorigen Seiten bietet das sogenannte Singlehaus, ebenfalls ein vorgefertigtes Bausystem. Standardmäßig auf einer geschosshohen Stahlstützenkonstruktion errichtet, sieht es nicht nur gut aus, sondern ist auch für Hochwassergebiete geeignet und sogar gegen Erdbeben gewappnet.

Haus auf Stelzen mit Varianten

Der im Herstellungsprinzip weitgehend an den übrigen Haustypen des Unternehmens orientierte Bau bietet im Erdgeschoss mehrere Nutzungsmöglichkeiten. Die Fläche kann ohne weitere Kosten als Carport für ein bis zwei Autos oder als geschützter Außensitzplatz genutzt werden. Aber es ist auch möglich, dort zusätzlich zur Remise für Heizzentrale und Lagerraum ein weiteres Zimmer unterzubringen; die Wohnebene darüber kann nach Wunsch organisiert und durch einen Balkon erweitert werden. Genauso lässt sich das Bauprogramm abspecken: In Hanglage errichtet, kann beispielsweise die das Wohngeschoss erschließende Außentreppe entfallen, unterschiedliche Grundriss- und Ausstattungsvarianten sind möglich. Und nicht zuletzt können die Bauherren mit ihrem Haus auch umziehen, denn es kann dank des reversiblen Systems ohne Schaden abmontiert und an anderer Stelle wieder neu errichtet werden.

Struktur aus Glas und Metall

In der hier gezeigten Version präsentiert sich das Haus als sehr transparente, elegante Erscheinung mit hohem Glasanteil. Glas wird hier zum einen in Form großer Fensteröffnungen, zum anderen als transparentes sowie als farbiges Fassadenmaterial eingesetzt. Die filigranen Aluminiumdeckprofile legen eine feine Gitternetzstruktur über die Außenhaut. Durch die geringen Querschnitte der Unterkonstruktion und die Aufständerung des Wohngeschosses gewinnt das Bauwerk einen fast schwebenden Charakter. Auch die feingliedrige Stahltreppe, die den Eingang von der Nordseite her erschließt, fügt sich bestens in das gestalterische Konzept ein.

Rechte Seite Ansicht von Südosten. Unter dem Wohngeschoss gibt es neben dem Funktionsabteil ausreichend Platz für mehrere Fahrzeuge.

Oben alle und rechte Seite Wohnen, Essen und Kochen sind in einem einzigen Raum organisiert. Ein Barbereich fungiert als Raumteiler. Die großen Glasflächen lassen Licht und Sonnenwärme herein.

130.000 €

GRAUER KUBUS MIT AUSSTRAHLUNG

Sparhaus mit Niveau – für einen Single oder ein Paar

Architekt Johannes Morhard, Lichtenfels/Bayern

Während ansonsten Zeitdruck in der Architektur oft zu Problemen führt, machten der Architekt Johannes Morhard und sein Bauherr vor, dass auch unter solchermaßen erschwerten Bedingungen ein hochwertiges, ausgezeichnet funktionierendes und dabei noch enorm günstiges Haus entstehen kann.

Von der Idee zum Entwurf in 14 Tagen

Die Geschichte hört sich unglaubwürdig an, hat sich aber genau so zugetragen: Der Bauherr trat an Johannes Morhard heran, die Entwürfe und Projekte auf dessen Homepage hatten ihm gut gefallen. Er wolle von ihm ein Haus gebaut haben, jedoch sei ein knapper Budgetrahmen einzuhalten, und der Entwurf müsse binnen zwei Wochen auf seinem Tisch liegen. Erst seit Kurzem selbstständig, ging der Architekt – nur aufgrund der telefonisch formulierten Wünsche des Auftraggebers – mit Eifer ans Werk, arbeitete 14 Tage lang mehr oder weniger durch und legte dann zum vereinbarten Zeitpunkt seinen Entwurf vor. Erstaunlicherweise wurde dieser nicht nur vom Bauherrn auf Anhieb für hervorragend befunden und akzeptiert, sondern auch mit nur noch marginalen Veränderungen in die Praxis umgesetzt!
Natürlich sind solche Abläufe nur möglich, wenn auf Seiten des Planers disponible Zeit vorhanden ist und Bauherr und Architekt an einem Strang ziehen, aber es wird deutlich, welch große Rolle das Engagement des Architekten für ein Bauprojekt spielt – in noch stärkerem Maße, wenn es um das Thema Low Budget geht.

Kompaktheit, die großzügig wirkt

Eine der größten Überraschungen in diesem Haus ist das Raumgefühl. Obgleich es jedes der drei Geschosse nur auf etwa 33 Quadratmeter bringt, fühlt man überhaupt keine Enge. Und genau dies ist eine der großen Herausforderungen bei Low-Budget-Architektur: kompakt und damit günstig zu bauen, ohne dass die Bewohner ihr Haus als klein und eng empfinden. Dafür verzichtete man hier wo immer möglich auf trennende Wände, Türen und andere Sichtbarrieren, die die Raumwahrnehmung beeinträchtigt und Mehrkosten verursacht hätten. Nur Funktionen wie das WC sind separiert. Im Erdgeschoss bilden Wohnen, Essen und Kochen ebenso eine Einheit wie im Obergeschoss der galerieartig inszenierte Schlafbereich, die Ankleide und das Badezimmer. Ungeachtet des extrem beschränkten Budgets und Platzangebots ließ sich hier sogar noch eine Sauna unterbringen, die im Obergeschoss neben dem Badezimmer Platz fand.
Des Weiteren sorgen auf den beiden Wohngeschossen große Verglasungen nach Süden nicht nur für kostenlose Sonnenwärme im Haus, sondern auch für eine Entgrenzung des Innen- und Außenraums, wodurch die Räume deutlich größer wirken. Und nicht zuletzt hat man bei diesem Gebäude jede Funktion und jedes Bauteil mit dem tatsächlichen Bedarf abgeglichen und damit erlebbaren Raum erhalten: So konnte man sich auf eine kompakte Küche beschränken, denn der Bauherr ist viel unterwegs und zudem kein passionierter Koch. Stauraum wurde nur dort geschaffen, wo er benötigt wird und wo dies ohne Beeinträchtigung des Raumempfindens möglich war. Teils eingebaute Schränke wie im Obergeschoss nehmen nicht nur Kleidung, sondern auch andere Gegenstände auf. An der für den Treppeneinbau statisch notwendigen Wand konnten mehrere Hängeschränke angebracht werden. Allerdings achtet der Bauherr besonders darauf, nicht zu viel anzusammeln, denn die Räume sollen geradlinig und pur wirken.

Raumreserven im Untergeschoss

Ungeachtet des geringen Budgets war es dank der optimierten Baukostenplanung möglich, ein Untergeschoss vorzusehen. Dort steht neben dem Gästezimmer und Büro auch ein kleiner Abstell-

Rechte Seite Die Südseite ist in beiden Geschossen großflächig verglast, um Licht und – im Winter – Wärme hereinzuholen. Günstige, außen liegende Raffstores dienen der Beschattung.

raum zur Verfügung. Koffer, Terrassenmöbel, Fahrräder und Ähnliches bewahrt der Bewohner in einem Kellerersatzraum hinter dem Carport auf, der deutlich günstiger erstellt werden konnte als ein Lagerraum im Haus selbst.
Dank einer Modellierung des Geländes ist trotz des nahezu völlig ebenen Grundstücks und ohne größeren Kostenaufwand sichergestellt, dass die beiden Wohnräume im Untergeschoss gut belichtet werden. Somit sind das Gästezimmer und das Büro vielfältig nutzbar und könnten etwa auch einem weiteren Bewohner als Zimmer dienen.

Spararbeit im Detail

Neben Kompaktheit und Raumausnutzung trugen eine Reihe weiterer Faktoren zum Sparerfolg bei. Zu nennen ist zunächst das einfache Flachdach mit Bitumenabdichtung, die geringe Anzahl von Fassadenöffnungen, die eine günstige Herstellung ermöglichten und die Verwendung einheitlicher Materialien. So ist das Erd- wie das Obergeschoss bis in die Nassräume hinein in einheitlich dunklem Lamellenparkett aus Eiche gehalten, was die Verlegung erleich-

terte und die Arbeitszeit verringerte. Zudem ist dieses sogenannte Industrieparkett nicht nur ein hochwertiger, sondern auch ein vergleichsweise günstiger Massivholzbelag. Die durchgängige Materialverwendung lässt die Räume nochmals größer wirken.
Eine weitere gute Sparidee war es, nur im Unter- und im Erdgeschoss eine Fußbodenheizung zu verlegen; im Obergeschoss war sie verzichtbar, denn die warme Luft kann aufgrund der offenen Räume ungehindert nach oben steigen. Nur für einen Heizkörper im Bad wurde eine Leitung von der Fußbodenheizung nach oben verlegt. Auch auf andere unnötige Bauteile wie Fensterbänke und Rollläden verzichtete man völlig. Die Beschattung übernehmen außen liegende, günstige Raffstores, die bei schräg gestellten Lamellen gute Belichtung mit effektivem Sichtschutz verbinden.
Durch die jeweils komplette Vergabe der Gewerke Rohbau, Dach, Fassade, Haustechnik und Innenausbau an Betriebe aus der Region konnten günstige Handwerkerpreise erzielt werden. Da die Planung die Einbringung von Eigenleistung berücksichtigte, war es dem Bauherrn möglich, hierdurch weitere Arbeitskosten einzusparen.

Oben und linke Seite oben Essplatz, Sitzecke und eine kompakte Küche, die dem Bedarf des Bauherrn entspricht, sind im Erdgeschoss raumsparend angeordnet. Die klaren Linien schaffen eine ruhige Gesamtwirkung.

Linke Seite unten Stauraum nach Maß: Detail einer Schrankeinheit im Obergeschoss

Linke Seite oben Die durchgehende, statisch erforderliche Wandscheibe bei der Treppe separiert den Schlafbereich optisch, ohne dass eine strenge Trennung entstünde. Der Raumzusammenhang bleibt erlebbar.

Linke Seite unten links Auch das Badezimmer ist transparent und hell.

Linke Seite unten rechts Zwischen Bett und Ankleide fungiert der Kleiderschrank als ebenso praktischer wie günstiger Raumteiler.

Oben Der Schlafplatz mit stegartigem Durchgang auf der Galerie

79.400 €

KOMPAKT, KOMFORTABEL, MULTIFUNKTIONAL

Ein modulares Haus für Singles, Paare und für die Ferien

orange architekten, Berlin

Wohnhäuser müssen nicht riesig sein, um mit inneren Werten zu glänzen. Ganz im Gegenteil, möchte man bei der Betrachtung des Modulhauses sagen, das orange architekten aus Berlin entworfen haben und auch mit der eigenen Firma (orange Modulhaus) vertreiben. Anna Weber und Peter Tschada bieten im Grunde ein Bausystem an, das in ähnlicher äußerer Erscheinung, aber in ganz unterschiedlichen Größen, Grundriss- und Ausstattungsvarianten zu haben ist. Dabei sieht es, da vom Fachmann beziehungsweise der Fachfrau kreiert, gar nicht nach einer billigen »Kiste« aus, sondern wie ein gutes, nur eben etwas kleineres Stück Architektur. Schwarz abgesetzte Fenster- beziehungsweise Belichtungsachsen und die gleichmäßige Holzleistenstruktur ergeben ein geschlossenes und modernes Fassadenbild.

Kostengünstig, variabel und mobil

Durch die kompakten Abmessungen, die stark vereinheitlichte Herstellung und den hohen Vorfertigungsgrad bei sinnvoll vereinfachter Konstruktion lassen sich Kostenvorteile erzielen, die ein solches Haus im bezugsfertigen Zustand schon für Bruttokosten von deutlich unter 100.000 Euro entstehen lassen. Das hier vorgestellte, als Ferienhaus genutzte Beispiel im Brandenburgischen, gab es beispielsweise schon für knapp 80.000 Euro.
Genauso wie als Ferienhaus für eine Familie taugt das wandlungsfähige Modulkonzept auch als vollwertiger Hauptwohnsitz für Singles oder Paare, denn die ausgeklügelte architektonische und innenarchitektonische Planung lässt das Haus im Eindruck wachsen: Dazu tragen die drei Meter hohen Räume und die ebenso hohen Fensterflügel bei, die die Grenzen zwischen Innen- und Außenraum auflösen, weiches Licht spendende Oberlichter sowie freie Sichtachsen durch das Haus. Im vorgestellten Beispiel entsteht etwa bei geöffneten Türen eine Sichtachse von fast 13 Metern Länge! Eine stattliche Terrassenfläche von 22 Quadratmetern schafft gleichsam einen weiteren großen Wohnraum im Freien, der schwellenlos an den Wohnbereich anschließt.
Dank des einheitlichen Baurasters und der Holzleichtbauweise passt sich das Modulhaus auch mit geringem Aufwand an neue Familiensituationen an, etwa wenn Nachwuchs kommt, oder auch an veränderte Nutzungsanforderungen (z.B. Anbau eines Büros). Ein weiterer, gar nicht hoch genug einzuschätzender Vorteil des Konzepts besteht darin, dass man damit ohne große Probleme umziehen kann, denn das Gebäude passt problemlos auf einen Sattelschlepper. Einfach die Haustechnikverbindungen trennen, aufladen, und schon kann es losgehen zum neuen Bauplatz.

Links Frontalansicht der Schmalseite

Rechte Seite beide Die regelmäßige, zurückhaltende Gliederung der Fassaden sorgt für ein stimmiges Gesamtbild. Die Fenster öffnen sich allesamt zur umlaufenden Terrasse, die in einem großen Sitzplatz mündet.

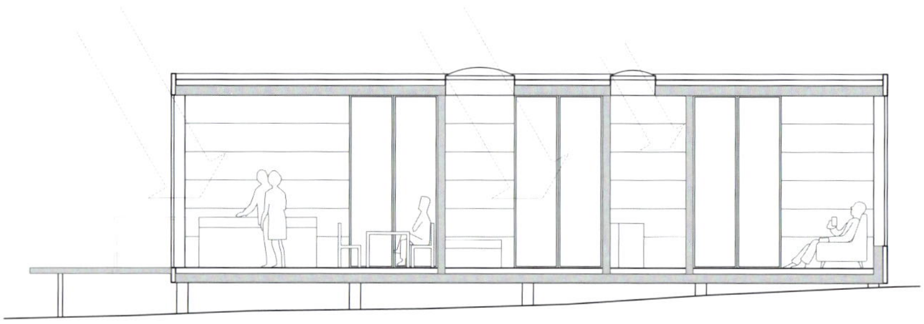

Längsschnitt

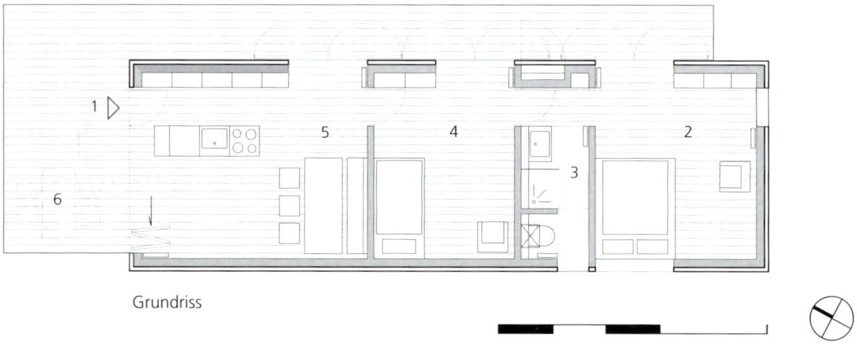

Grundriss

1 Eingang
2 Schlafen / Wohnen
3 Bad / Toilette
4 Zimmer / Atelier
5 Essen / Kochen / Wohnen
6 Terrasse

Linke Seite oben links Durchblicke optimieren den Raumeindruck. Reine Erschließungsflächen sind im Grunde nicht vorhanden, sodass der Platz optimal ausgenutzt wird.

Linke Seite oben rechts Zusätzlich zu den Fenstern gibt es Oberlichter im Dach, die für sanfte Helligkeit sorgen.

Oben Preiswert, aber nicht billig: Hochwertige Holzoberflächen, die auch für den Küchenblock eingesetzt wurden, schaffen ebenso eine hohe Wohnraumqualität wie die großen Verglasungen. Rechts der Durchgang zur Terrasse.

WICHTIGES IN KÜRZE

Standort: bei Berlin
Baufertigstellung: 2011
Grundstücksgröße: 1.850 m²
Wohn- und Nutzfläche: ca. 43 m² zuzüglich ca. 22 m² Terrassen
Bruttorauminhalt (BRI): 195 m³
Bauweise: Holztafelbauweise
Gesamtkosten brutto (inklusive Honorare, Nebenkosten und Steuern): beim vorliegenden Beispiel ca. 79.400 Euro
Kostensenkende Faktoren: kompakter Baukörper, konsequente Wahl günstiger, arbeitszeitsparender Konstruktionen und Lösungen (z.B. Holztafelbauweise), Einsatz vieler einheitlicher Bauteile, kurze Bauzeiten durch hohen Vorfertigungsgrad/Modulbauweise, sehr gut nutzbarer, offener Grundriss mit konzentrierter Stauraumlösung, Verzicht auf reine Erschließungsflächen, Beschränkung von Nutzflächen auf das unbedingt notwendige Maß (z.B. Bad, WC), Einsatz günstiger Bauprodukte und Materialien (z.B. Holzleistenfassade), Wahl eines günstigen Energiesystems (Gas-Brennwerttherme)
Heizenergiebedarf/Jahr: ca. 108 kWh/m² (wegen geringer Fläche von Energienachweis nach EnEV 2009 entbunden)

160.000 €

RAUMWUNDER AUF SCHMALEM GRUNDSTÜCK

Sparsame Konstruktion und optimale Eignung für Eigenleistung

Architekt Ali Salabian, Hochspeyer/Rheinland-Pfalz
Projektmitarbeit: Designerin Razieh Salabian

Ein alleinlebender Bauherr wünschte sich vom Architekten Ali Salabian ein zeitgemäßes, großzügig wirkendes Haus, das jedoch in sein begrenztes Budget passen und so geplant sein sollte, dass nahezu alle Gewerke in Eigenleistung ausgeführt werden könnten. Als Bauplatz war das Grundstück der Eltern vorgesehen, das zwar ausreichend Platz für eine Erweiterung bot, aber unter der Einrechnung der gesetzlichen Abstandsflächen nur eine Hausbreite von sechs Metern zuließ. Aus der Not machte der Architekt eine Tugend: Das Haus wurde in die Länge gestreckt, seine Schauseiten mit großen Verglasungen befinden sich nun im Osten mit Orientierung zur Straße und vor allem auf der westlichen Gartenseite. Das Gebäude wurde um ein Halbgeschoss angehoben, um vom Wohnbereich aus einen optimalen Ausblick auf die Pfälzer Weinberge und die Haardthöhe zu schaffen.

Weite Räume, günstige Konstruktion, gute Architektur

Das Obergeschoss ist als zum Licht orientierter Einraum ohne jede Zwischenwand konzipiert, wo Morgensonne auf den Arbeitsplatz, die Nachmittags- und Abendsonne in den Wohn- und Essbereich fällt. Lediglich die Toilette und die Abstellkammer sind in einer separaten, gläsern satinierten Box untergebracht. Vor übermäßiger Aufheizung der Räume im Sommer schützen auf der Westseite außen liegende Raffstores mit stufenlos verstellbaren Lamellen. Die vorgelagerte, niveaugleich anschließende Terrasse bietet mit ihren 18 Quadratmetern einen zusätzlichen Aufenthaltsbereich im Freien. Dunkle Schieferböden kontrastieren wirkungsvoll mit den hellen Wänden, die aus Einspargründen einfach mit weiß eingefärbtem Putz versehen und nicht zusätzlich gestrichen wurden. Die vollkommene Offenheit des Wohngeschosses lässt die eher geringe Hausbreite von 6 Metern vollkommen vergessen; letztlich entstanden daraus nur Vorteile, denn die geringen Spannweiten erleichterten es dem Architekten, kostengünstige Konstruktionen vorzusehen. Dazu gehört etwa die Ausbildung eines einfachen, voll gedämmten Sparrendachs ohne zusätzliche Stützen, das mit ebenfalls günstigen, vorgefertigten Aluminiumdachbahnen gedeckt wurde. Vor allem aber ging die Erstellung des Mauerwerks, das der Bauherr größtenteils selbst übernahm, dank der mit Dämmstoff gefüllten Ziegel deutlich schneller und günstiger vonstatten als mit einer üblichen Außenwanddämmung.

Großzügigkeit und optimale Raumausnutzung

Trotz der von Ali und Razieh Salabian geplanten Großzügigkeit im Obergeschoss, wurde hier keinerlei Platz verschenkt. Vielmehr ermöglichte diese Durchgängigkeit gerade die optimale Ausnutzung des zur Verfügung stehenden Raums, reine Verkehrsflächen finden sich überhaupt nicht. Selbst der Treppenbereich ist nur mit einem filigranen, anthrazitfarbenen Geländer als Absturzsicherung versehen. Im introvertierteren Erdgeschoss befinden sich das Schlafzimmer und das Bad sowie Abstell- und Waschraum, ein Gang erschließt die Zimmer linear und erzeugt eine lange Sichtachse. Ansonsten sind die Räume auf dieser Ebene funktional kompakt bemessen und insofern wiederum kostengünstig.

Rechte Seite Ansicht von Südwesten. Die Terrasse verlängert den im Obergeschoss gelegenen Wohnbereich.

Links und rechte Seite Ansicht von der Straßenseite. Der Vorgarten ist mediterran und pflegeleicht gestaltet. Hinter der großen Glasfront befindet sich der Arbeitsbereich, darunter das Badezimmer.

Unten links Mittels der Stahlgitterroste konnte in Eigenleistung ein kostengünstiger Zugangssteg geschaffen werden, von dem aus beide Häuser zugänglich sind.

Unten rechts Die Außenwand des Carports besteht hauptsächlich aus kostengünstigem Bambus.

145.000 €

UNTER DIE ERDE, ZUM LICHT

Erdhaus in optimiertem Passivhausstandard zum Sparpreis

Robert Sengotta, Günzburg/Bayern

Darauf muss man erst einmal kommen: Mit dem eigenen Haus unter die Erde verschwinden und damit sowohl reichlich Baukosten als auch Energiekosten im täglichen Betrieb sparen. Aber geht das in Mitteleuropa überhaupt, angesichts strenger Bauvorschriften? Die Praxis zeigt, dass dieser Ansatz sehr wohl funktioniert, denn Erdhäuser gibt es zwar nicht in Hülle und Fülle, aber doch mehr als man denkt – in Österreich, in der Schweiz und auch in Deutschland. Robert Sengotta hat im bayerischen Günzburg für sich ein solches, ausgesprochen gemütliches Konzepthaus geplant, gebaut und sogar in unmittelbarer Nähe mehrfach dupliziert.

Passivhausstandard für kleines Geld

Das Konzept des Erdhauses wurde hier gleichsam zu Ende gedacht und zum Sparhaus mit optimiertem Passivhausstandard weiterentwickelt. Das bungalowartige, nicht unterkellerte Haus beweist, dass man zum halben Preis einer gleich großen Eigentumswohnung ein überdurchschnittlich effizientes Passivhaus erstellen kann. Der errechnete Heizenergieverbrauch liegt mit 11 KWh pro Jahr noch deutlich unter dem von Passivhäusern geforderten Wert (15 KWh/a). Heizkosten von durchschnittlich weniger als 30 Euro im Monat geben dem Konzept Recht. Diese Werte konnten dank fortschrittlicher Energietechnik und optimaler Luftdichtigkeit von Konstruktion und Dämmung erreicht werden. Zusätzlich zu den auf die (abgedichteten) Betonmauern aufgebrachten Dämmplatten sorgt aufgeschüttetes Erdreich für die Optimierung der Dämmwirkung, wärmt im Winter und kühlt im Sommer – im Grunde das gleiche Prinzip wie beim Gründach, nur auf das gesamte Haus übertragen. Tatsächlich schauen bei diesem Heim der etwas anderen Art nur der Eingangsbereich und die der Sonne zugewandte Seite aus der Erde. Hier, auf der Südseite, gewährleisten große Fensterflächen eine hervorragende Belichtung der Innenräume. Die dreischeibigen Passivhausverglasungen vermeiden Wärmeverluste, lassen gleichzeitig aber die flach einfallenden winterlichen Sonnenstrahlen passieren und nutzen diese zur Aufheizung der Räume. Ansonsten gibt es selbstverständlich eine für Passivhäuser obligatorische kontrollierte Be- und Entlüftungsanlage mit Wärmerückgewinnung. Die von den Solarmodulen auf der Gartenseite gewonnene Wärme wird in den Pufferspeicher eingespeist. Mehr als eine kleine Ergänzungsheizung, hier in Form eines Ethanolkamins, sind bei diesem Hauskonzept nicht notwendig.

Spareffekte bei Konstruktion und Innenausbau

Durch die Verwendung von Betonfertigteilen konnte auf Gerüste verzichtet werden, das Energiesystem machte den Bau von Schornsteinen überflüssig, und das Haus war weitgehend ohne Einsatz externer Arbeitskräfte umsetzbar. Arbeitsgänge wie die Erstellung eines Dachstuhls, Spenglerarbeiten und der Bau von Treppen entfielen systembedingt sogar vollständig. Mittels des sehr günstigen Erdreichs konnten beträchtlich teurere Dämmprodukte und Fassadenflächen eingespart werden. Entsprechend gering ist auch der mittel- und langfristige Pflege- und Unterhaltungsaufwand; neue Anstriche entfallen weitgehend. Damit gab sich der Planer aber keineswegs zufrieden: Auch beim Innenausbau suchte er in jedem Detail nach Einsparmöglichkeiten, so sind die Innenwände in Eigenleistung aus Kalksandsteinen aufgemauert, die Bodenbeläge bestehen aus OSB-Platten (Grobspanplatten). Im Bad sorgt ein elektrischer Heizstrahler bei Bedarf für schnelle Erwärmung, bei der Installation sehr günstige und heute hocheffektiv arbeitende

Rechte Seite oben Ansicht von Süden mit vorgelagertem Teich. Die über der Fassadenverglasung angebrachten Solarkollektoren dienen der Heizungsunterstützung. Den Großteil des Jahres können sie den Bedarf allein decken.

Rechte Seite unten Blick durch das Wohnzimmer auf die Terrasse. Geölte OSB-Platten dienen als kostengünstiger Bodenbelag.

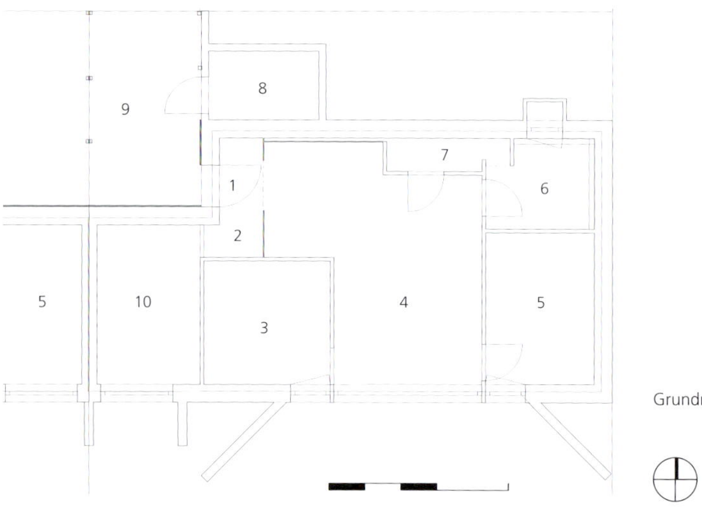

Grundriss

1 Eingang
2 Diele
3 Arbeiten
4 Kochen / Essen / Wohnen
5 Schlafen
6 Bad
7 Technik / Abstellen
8 Fahrräder
9 Carport
10 Kellerraum / Gäste

Durchlauferhitzer erwärmen das Spül-, Wasch- und Duschwasser mit und unterstützen die Solarkollektoren. Da die Geräte nur dann in Aktion treten, wenn sie wirklich benötigt werden, trägt auch dies zur hervorragenden Kosten- und Energiebilanz bei. Durch die Art der Heiztechnik und der Warmwasserbereitung reduzierten sich die Installationskosten gegenüber konventionellen Gebäuden erheblich. Waschbecken, Dusche und sonstige Sanitäreinrichtungen stammen überwiegend aus Restposten oder Sonderangeboten. So wird durch zahlreiche Einzelmaßnahmen aus dem ohnehin schon günstigen und nachhaltigen Erdhauskonzept ein Low-Budget-Passivhaus. Statt der ansonsten für Passivhäuser anzusetzenden Mehrkosten von 10 bis 20 Prozent ergab sich hier sogar ein beträchtlicher Spareffekt gegenüber konventionellen Immobilien vergleichbarer Größe.

Links Seite links Blick vom Schlafzimmer durch den Wohnbereich

Linke Seite rechts beide Die Bereiche Wohnen, Essen und Kochen sind in einem Raum vereint und dennoch geschickt voneinander abgegrenzt. Ein Ethanolkamin fungiert bei Bedarf als Zusatzheizung.

Oben links Das Schlafzimmer

Oben Vom Bett im Kinderzimmer hat man den Garten stets im Blick.

WICHTIGES IN KÜRZE

Standort: Günzburg/Bayern
Baufertigstellung: 2007
Grundstücksgröße: 265 m²
Wohnfläche: 83 m² zuzüglich 25 m² Terrasse
Bruttorauminhalt (BRI): 409 m³
Bauweise: massiv (Bodenplatte, Außenwände und Dach Betonfertigteile, abgedichtet und gedämmt; Innenwände Kalksandstein)
Gesamtkosten brutto (inklusive Carport, Gartenhaus und Terrasse, ohne Schwimmteich): 128.000 Euro (zuzüglich ca. 17.000 Euro an Honoraren für Architekten- und Ingenieurleistungen)
Kostensenkende Faktoren: kompakter Baukörper, konsequente Wahl günstiger, arbeitszeitsparender Konstruktionen und Lösungen (z.B. Erde als Fassaden- und Dämmmaterial, Einsatz von Betonfertigteilen, geringer Anteil von Putz- und Fensterflächen), sehr gut nutzbarer, teils offener Grundriss mit konzentriertem Stauraum, Beschränkung von Nutzflächen auf das unbedingt notwendige Maß (z.B. Bad/WC), Einsatz günstiger Bauprodukte und Materialien (z.B. Bodenbeläge aus OSB-Platten, Sanitärausstattung, Heizsystem), Wahl eines für den Passivhausstandard günstigen Energiesystems (passive Solarenergienutzung, kontrollierte Be- und Entlüftungsanlage mit Wärmerückgewinnung, Solarthermie), Abstimmung der Planung auf gute Eignung für Eigenleistung, Einbringung von Eigenleistung (ca. 25 % der Handwerkerleistungen) sowie Wahl eines kleinen Baugrundstücks
Heizenergiebedarf/Jahr: 11 kWh/m²

ca. 46.000 €

TRANSPARENTER KUBUS MIT 1.000 RAUMVARIATIONEN

Kleinsthaus ganz groß

STUDIO WG3, Graz/Österreich
mit Peter Schreibmayer, Andreas Jaklin, Maida Coric, Katharina Volgger

In hoch verdichteten Ballungsräumen mit hohen Grundstückspreisen, wie etwa in Tokio, entstehen seit Längerem viele extrem kompakte Wohngebäude mit optimierter Funktionalität des Innenraums. Das ist auch für die meisten anderen Regionen auf der Welt eindeutig der Weg der Zukunft – insbesondere dann, wenn dies mit geringstmöglichen Baukosten einhergeht. Das Hausmodell vom Grazer STUDIO WG3 weist konsequent den Weg zum hochkompakten Wohnen und stellt durch die zu Ende gedachte Variabilität des Raumgefüges eine erstaunliche Vielzahl von Funktionen bereit. Das Haus lässt sich bei Bedarf natürlich mit allem zeitgemäßem Komfort, Fenstern und anderem mehr ausstatten. Dank des kleinen Raumvolumens und der guten Dämmwirkung der Hohlkammerplatten bleibt dabei auch sein Energiebedarf stets passabel.

Transluzent und wohnlich

Der Entwurfsansatz bestand darin, ein möglichst kompaktes Wohnkonzept mit guter Raumausnutzung und Wohnlichkeit sowie minimalen Kosten zu verbinden. Aus vier transportablen Boxen, die in Holzriegelbauweise in der Werkstatt vorgefertigt werden und im Fall eines Umzugs auch wieder schnell demontierbar sind, entsteht direkt auf dem Bauplatz in kurzer Zeit die Tragkonstruktion des Gebäudes. Aufgrund der begrenzten Fläche ist in Teile des Wandtragwerks ein CNC-gefrästes Rasterregal eingepasst, das Stauraum bietet, ohne nennenswerte Zusatzkosten zu verursachen. Im befüllten Zustand schimmern die abgestellten Bücher und anderen Gegenstände nach außen durch – eine Wirkung, die sich bei nächtlicher Innenbeleuchtung noch verstärkt. Im Übrigen besteht der Wohnkubus auch aus geschlossenen Elementen, die bestimmte Funktionen wie etwa das WC beherbergen. Die mit einer luftgefüllten Zwischenschicht versehenen Platten aus Polycarbonat, die als Fassade eingesetzt werden, sind nicht durchsichtig wie Glas, aber transluzent, das heißt, sie lassen einen Großteil des eingestrahlten Lichts durch, ohne dass das Innenleben von außen deutlich zu erkennen wäre. Die so entstehende natürliche Helligkeit, die sich nur wenig von der draußen unterscheidet, trägt wesentlich zur guten Raumwirkung des Gebäudes bei.

Links Leuchtkubus: Die lichtdurchlässigen Polycarbonatplatten lassen den Baukörper am Abend voll zur Wirkung kommen.

Rechte Seite Die Eingangstür ist bei dieser Ausführungsvariante des Gebäudes eine der wenigen Fassadenöffnungen.

Multifunktionalität als Prinzip

Für einen Single oder auch fallweise zwei Personen bietet das Hauskonzept eine immense Wandlungsfähigkeit: Auf einer Grundfläche von 12 Quadratmetern, aber auf einer Höhe von fast 4,50 Metern können mittels beweglicher Tafeln und Bauteile unterschiedliche Raumsituationen erzeugt werden. Ein Hauptaugenmerk galt dem Ziel, im Rahmen des Möglichen Teil- und Rückzugsräume zu kreieren. So schafft etwa die große Klapptafel durch Herunterklappen in die Horizontale eine zweite Ebene für die Wohn- und Schlafgalerie. Mittels eines Winkelklappelements lassen sich sogar separate „Zimmer" schaffen – beispielsweise zusammen mit der Drehtür im Obergeschoss ein Badezimmer. Der Gang über der Treppe wird dann zum begehbaren Kleiderschrank. Ferner ist auch die Treppe mobil konzipiert, sie fungiert unter anderem als Tür für die Toilette. Die Grundrissvarianten zeigen einen Teil der denkbaren Raumkonstellationen.
Auch beim Einbaumobiliar sind Platzsparen und Vielseitigkeit Pflicht: Tisch und Stühle verschwinden als ausziehbare Elemente in der Küchenzeile, sie können auch als zusätzliche Arbeitsfläche genutzt werden. Die als Kuben geformten Stühle können wiederum als Stauraum dienen, die Betten im „Obergeschoss" sind tagsüber entweder Sitzgelegenheit oder werden in der Funktionswand aufbewahrt.

Ganz oben Drehbare Treppeneinheit und Tragwerk mit Regalfunktion

Oben Die beispielsweise zum Schlafen nutzbare Galerieebene in heruntergeklapptem Zustand.

Rechte Seite Die große Raumhöhe erlaubt eine multifunktionale Ausgestaltung des Volumens, hier mit zwei Zwischenebenen und reichlich eingebauter Staufläche. Als Baustoff dienten überwiegend Holzmehrschichtplatten und OSB-Platten.

1 Drehtür (geschlossen)
2 Dusche/Waschbecken
3 Winkelklappelement (als Wand hochgeklappt/Treppe geschlossen)
4 Schiebewand/Garderobe
5 Matratzen (gefaltet) und Bettwäsche
6 Klappwand (als Boden heruntergeklappt)
7 Schiebewand
8 Klappwand (als Wand hochgeklappt)
9 Drehtür (offen)
10 Winkelklappelement (als Boden heruntergeklappt/Treppe offen)
11 Eingang
12 Essbereich
13 Küche – Parken Essbereich
14 Spülbecken
15 WC
16 Stauraum unter der Treppe
17 Treppe schiebbar
18 Stauraum für Matratzen und Bettwäsche

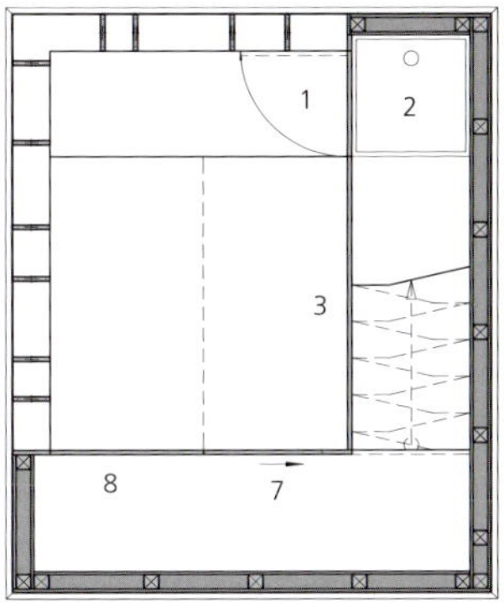

Obergeschoss

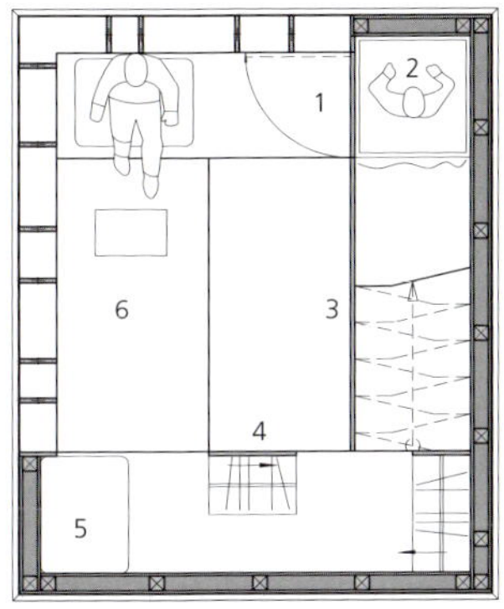

Obergeschoss

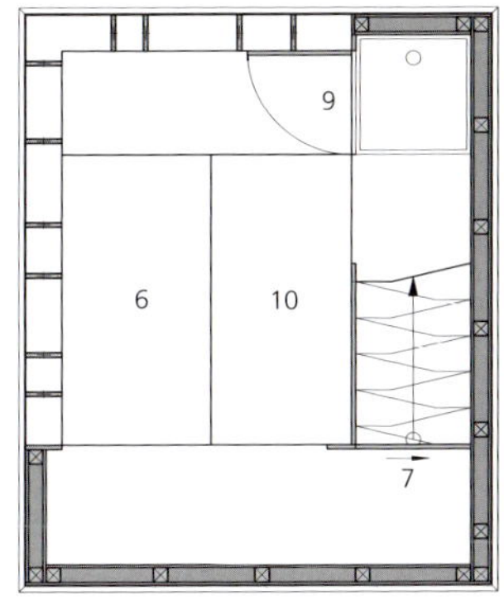

Obergeschoss, Variante

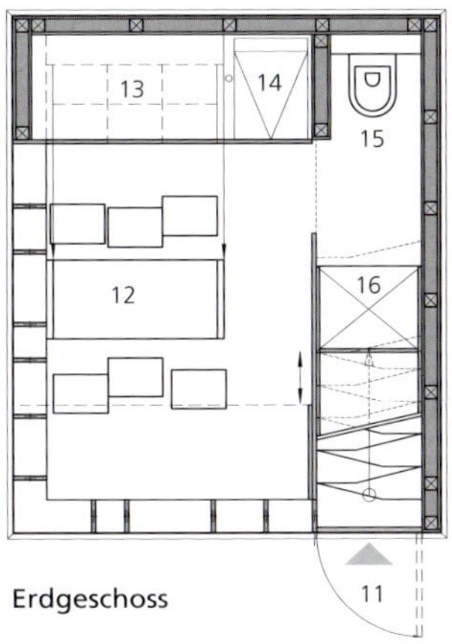

Erdgeschoss

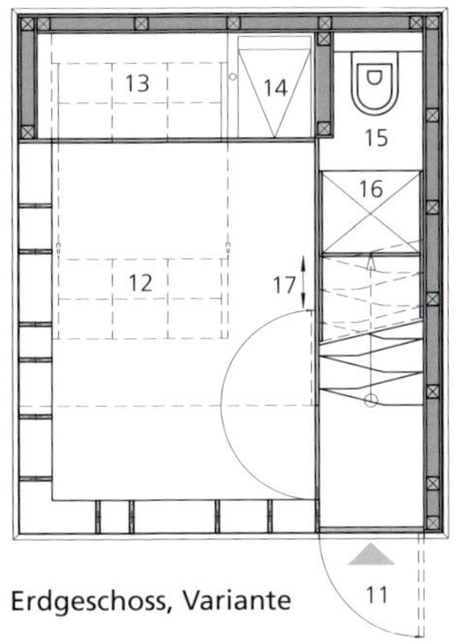

Erdgeschoss, Variante

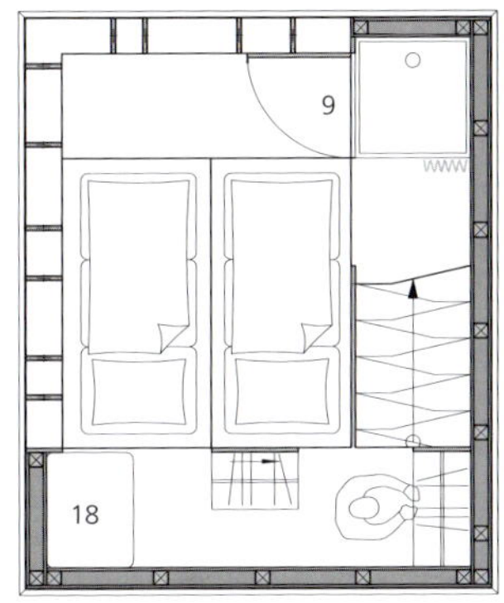

Obergeschoss, Variante

Varianten des Grundrisses
(Beispiele, weitere möglich)

Linke Seite Hier ist der Raum in der Version mit Schlafgalerie zu sehen.

WICHTIGES IN KÜRZE

Standort: beliebig
Baufertigstellung Prototyp: 2008
Grundstücksfläche: ab 50 m²
Wohn- und Nutzfläche: 24 m²
Bruttorauminhalt (BRI): 48 m³
Bauweise: Holzriegelbauweise, vorgefertigt mit Außenwänden/Fassaden aus Polycarbonat-Hohlkammerplatten
Gesamtkosten brutto (als vollwertiges Wohnhaus; inklusive Honorare, Nebenkosten und Steuern): ca. 46.000 Euro
Kostensenkende Faktoren: extrem kompakter Baukörper, konsequente Wahl günstiger, arbeitszeitsparender Konstruktionen und Lösungen (z.B. vorgefertigte Holzriegelkonstruktion, geringe Spannweiten, Zweitnutzung des Tragwerks als Regalflächen), extrem wandelbarer und sehr gut nutzbarer Grundriss mit vielfältigen Nutzungsvarianten, keine reinen Verkehrsflächen (z.B. Flure), keine fixen Innenwände, keine Türen, Einsatz günstiger Bauprodukte und Materialien (z.B. Holzwerkstoffplatten, Polycarbonatplatten), Abstimmung der Planung auf gute Eignung für Eigenleistung, Einbringung von Eigenleistung (ca. 80 % der Handwerkerleistungen)

62.500 €

DAS BLAUE WUNDER

Mobile Home für vielfältige Wohnnutzung

STUDIO WG3, Graz/Österreich

Auch wenn sich der Typus des modernen Wohnnomaden bisher (noch) nicht in der Breite durchgesetzt hat, ist der Gedanke an ein in Architektur und Innenraumgestaltung hochwertiges, dabei jedoch äußerst mobiles Wohnen sehr reizvoll und auch sinnvoll. Der sogenannte Hypercubus der Grazer Architekten STUDIO WG3 hat dabei nichts von reduziertem Containerwohnen oder abgeblättertem Wohnwagencharme, sondern inszeniert seine überschaubare Fläche auf rundum überzeugende Weise.

Vielseitigkeit und Innenraumqualität

Viele Gebäude in System- beziehungsweise Modulbauweise sind grundsätzlich reversibel, also demontierbar und an anderem Ort wiederaufbaubar. Mit vertretbarem Aufwand lässt sich dies allerdings nur dann realisieren, wenn das Konzept und vor allem die Kompaktheit eines Gebäudes darauf optimal abgestimmt sind. Für den Hypercubus trifft dies zu, denn im Grunde genügen ein Tieflader mit Kran sowie ein neues Grundstück, um mit dem Kleinod umzuziehen. Das Projekt entstand aus einer Forschungsarbeit mit dem Ziel, ein zeitgemäßes Kleinstgebäude als Übernachtungseinheit zu schaffen. Vorgaben waren industrielle Herstellbarkeit, gute Mobilität, optimierte Innenraumgestaltung, Nutzungsautarkie, bedarfsweise Addierbarkeit zu Clustern, eine Architektur mit hohem Wiedererkennungswert sowie ökonomische Effizienz. Bei der Betrachtung des gebauten Ergebnisses ist dies schon von der äußeren Erscheinung her in jedem Fall gelungen, denn hier sieht nichts nach billiger Box aus, sondern es entstand ein futuristisch und sehr dynamisch wirkender Körper, der fast abzuheben scheint. Jedoch steht er nicht nur im übertragenen Sinne fest auf dem Boden und bietet ganz konkret jede gewünschte Nutzungsmöglichkeit.

Rechte Seite Eine dynamische Treppe aus Stahlblech erschließt das futuristisch anmutende Architekturobjekt.

Loftgefühl im Kleinstgebäude

Gleich ob als Komponente für ein Hotel, als privates Wochenend- und Ferienhaus oder als Singlebleibe, die spannend polygonal gestaltete Raumstruktur ist angesichts des geringen Volumens überraschend vielseitig und großzügig. Die schiere Wahrnehmung des Innenraums profitiert von den Raumdiagonalen und den internen Höhenunterschieden; die vorhandenen 44 Kubikmeter wirken ausgesprochen groß, was durch das Fehlen geschlossener Wände noch gefördert wird. Das Bad ist mit Glaswänden abgetrennt und wertet damit nicht nur das Raumerlebnis auf, sondern stellt auch ein wichtiges eigenständiges Element der Innenarchitektur dar. Durch die Panoramaverglasungen der Eingangsseite und der gegenüberliegenden Fassade fühlt sich der Bewohner als Teil des Außenraums, während gleichzeitig die Intimität des Schlafplatzes gewahrt bleibt. Die an der Decke aufgehängte Empore scheint über der gläsernen Badbox zu schweben. In der Eingangsplattform ist nützlicher Stauraum untergebracht, ein Teil kann sogar aufgeklappt werden und gibt eine Kochstelle mit Arbeitsplatte frei. Nicht zuletzt bietet das Gebäude auch die Möglichkeit, das Innenlicht in unterschiedlichen Farbtönen zu variieren.

Kosteneffizient geplant und gebaut

Um die erforderlichen Investitionen für die hochwertige Innenarchitektur zu kompensieren und insgesamt die ökonomische Tragfähigkeit des Konzepts sicherzustellen, entschied man sich für den Einsatz von Brettsperrholz als dominierendes Baumaterial. Dies hatte neben seinen guten statischen Eigenschaften auch den Vorteil einer guten Wärmedämmfähigkeit, konnte ohne weitere Schicht oder Behandlung auch innenseitig verwendet werden, ist ein heimisches Produkt und leicht zu bearbeiten. Letztere Forderung war aufgrund der komplexen Form des Hypercubus unabdingbar. Außen wird die Brettsperrholzkonstruktion lediglich mit einer (farbigen) Folie abgedichtet.

www.hypercubus.at

Oben Unterschiedliche Niveaus und gut gesetzte Sichtbeziehungen ergeben trotz der begrenzten Fläche ein spannendes Raumgefüge.

Links beide Die Schlafgalerie scheint über dem gläsernen Körper des Badezimmers zu schweben.

Rechte Seite Blick zum Eingangspodest mit integriertem Schmink- und Arbeitstisch. Links das gläserne Bad, darüber der Schlafbereich

Oben beide Außenansichten des Gebäudes in der Landschaft

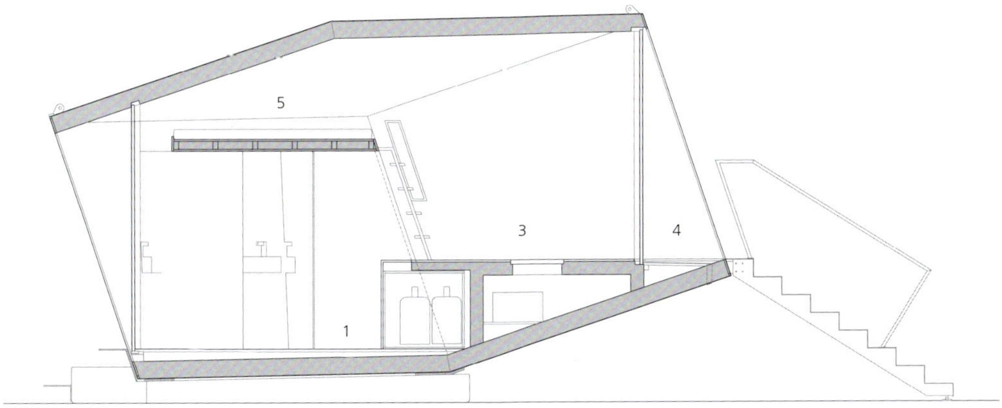

Schnitt

1 Küche/Aufenthalt
2 Bad/Toilette
3 Wohnen
4 Terrasse
5 Schlafen

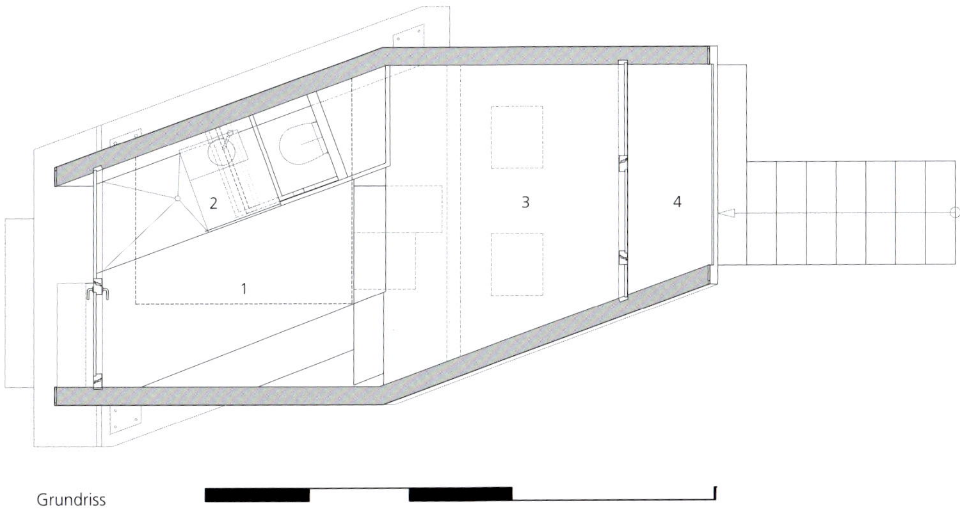

Grundriss

WICHTIGES IN KÜRZE

Standort: beliebig (mobiles Gebäude)
Baufertigstellung: 2010
Grundstücksfläche: ab 50 m²
Wohn- und Nutzfläche: 19 m²
Bruttorauminhalt (BRI): 44 m³
Bauweise: Holzbau, vorgefertigt
Gesamtkosten brutto (als vollwertiges Wohnhaus; inklusive Honorare, Nebenkosten und Steuern): ca. 62.500 Euro
Kostensenkende Faktoren: extrem kompakter Baukörper, konsequente Wahl günstiger, arbeitszeitsparender Konstruktionen und Lösungen (z.B. vorgefertigte Holzriegelkonstruktion, geringe Spannweiten), sehr gut nutzbarer Grundriss, keine reinen Verkehrsflächen (z.B. Flure), nur transparente Innenwände und Türen, Einsatz günstiger Bauprodukte und Materialien (Brettsperrholzplatten), geschickte Schaffung von Stauraum

130.350 €

HIGH-END-WOHNEN KOMPAKT

Anbauhaus für ein bis zwei Personen

STUDIO WG3, Graz/Österreich

Der Auftrag an die Architekten vom Grazer STUDIO WG3 war von der Bauherrschaft klar formuliert: In Nachbarschaft zu einem bestehenden Wohngebäude sollte ein kompaktes Haus errichtet werden, das als selbstständige Einheit funktioniert. Daher ist es nur über eine Schleuse mit dem Altbau verbunden, die sich bei Bedarf schnell schließen lässt. Ein eigener Zugang, der dem Carport des Haupthauses zugeordnet ist, macht den Anbau autark. Alle notwendigen Anschlüsse sind im neuen Haus vorhanden, es kann also jederzeit als separate Einheit von bis zu zwei Personen bewohnt werden. Dann wird die sogenannte Wellnesszone ganz einfach zum Wohnbereich, und auch eine Küche ist problemlos nachrüstbar, da die Anschlüsse bereits vorgesehen sind.

Kompaktheit und Komfort

Im Unterschied zu den meisten anderen Beispielen in diesem Buch wurde hier nicht versucht, alles Unnötige wegzulassen, sondern es ging um das Ziel, bestmöglichen Wohnkomfort mit einer geringen Wohnfläche zu vereinen – und zwar dergestalt, dass trotz der Kompaktheit nie das Gefühl von Enge entstehen sollte. Dies ist in jeder Hinsicht vorzüglich gelungen. Angesichts der hohen Ausbauqualität ließen sich so durchaus günstige Gesamtkosten erzielen. Die Durchgängigkeit des Innenraums und die Transparenz gegenüber dem Außenraum erzeugen ungeachtet der beschränkten Fläche von etwa 80 Quadratmetern das Wohngefühl eines Lofts. Gläserne Raumabtrennungen, Fugen und dynamisch asymmetrische Funktionsboxen schaffen lange Sichtachsen und Durchblicke. Neben einer gläsernen Sauna, einer als Raummöbel eingepassten Badewanne sowie einem großzügigen Duschbad besitzt das Haus einen nach Süden exponierten Schlafbereich, der mit weitem Ausblick in die hügelige Landschaft des südlichen Burgenlands verwöhnt. Der Sauna ist ein intimer Ruhebereich zugeordnet, der im Sommer durch Glasschiebefronten nach draußen geöffnet werden kann. Abgerundet wird das Raumprogramm durch diverse Kästen mit reichlich Stauraum und einen begehbaren Kleiderschrank. Den Funktionsboxen und Lagermöglichkeiten dient die ostseitige Rampe einerseits als Erschließung, andererseits kann ihnen die Rampenfläche fallweise – etwa als Ankleide – zugeschaltet werden. So wird die Flexibilität der Raumfunktionen als wichtiger Entwurfsaspekt deutlich – besonders entscheidend bei einer solch kompakten Wohnfläche.

Großzügig, transparent, intim

Den Geländeverlauf aufnehmend, ist der Wohnbereich insbesondere gegenüber dem Erschließungsgang als Splitlevel deutlich eingetieft und erhält so zusätzlich die Atmosphäre eines erdverhafteten Rückzugsorts. Diesen intimen Charakter verstärkt auch die außenliegende Holzleistenkonstruktion, die die Sonnenstrahlen filtert, reizvolle Licht- und Schattenspiele erzeugt und das großflächig verglaste Gebäude vor sommerlicher Überhitzung bewahrt. Vom betonierten Vordach und der Bodenplatte als horizontale Bänder eingefasst, kann die Holzleistenkonstruktion partiell geöffnet werden, der Lichteinfall bei der südseitigen Panoramaverglasung lässt sich durch Klappschiebeläden steuern. Lange Stufen führen von der Westseite hinunter zum Gartenniveau und dienen gleichzeitig als Sitzbänke. Der Aufenthaltsbereich im Freien setzt gleichsam das innenräumliche Wohlfühlkonzept fort und inszeniert es. Durch die Platzierung des Anbaus entsteht zudem gemeinsam mit dem Bestandsgebäude ein vor Einblicken und Lärm geschützter Gartenhof.

Rechte Seite oben Bewusst modern gestaltet, zeigt das Haus schon nach außen seine Eigenständigkeit gegenüber dem Altbau. Dem außen gelegenen Umgang ist eine feingliedrige Holzlamellenkonstruktion vorgeblendet, die gleichsam eine zweite Fassade darstellt.

Rechte Seite unten Zum Gartenhof hin öffnet eine Lamellenschiebewand die Hülle des Gebäudes. Die breite Treppe kann auch als Bank dienen.

Oben Die offene Raumstruktur und die dynamischen Zuschnitte der Einbauten geben der Innenarchitektur eine Qualität, wie sie sonst meist nur bei deutlich größerem Budget umsetzbar ist. Links die Badewanne, rechts die Box für WC und Ankleide.

Rechte Seite Blick längs durch den Raum. Die Lamellenfassade erzeugt bei Sonnenschein lebendige Licht- und Schattenspiele.

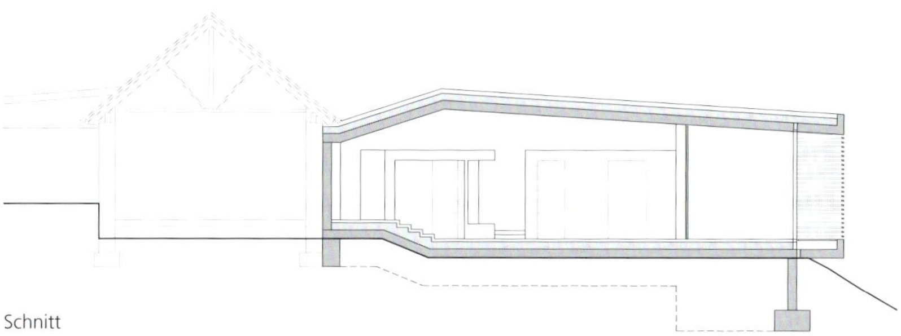

Schnitt

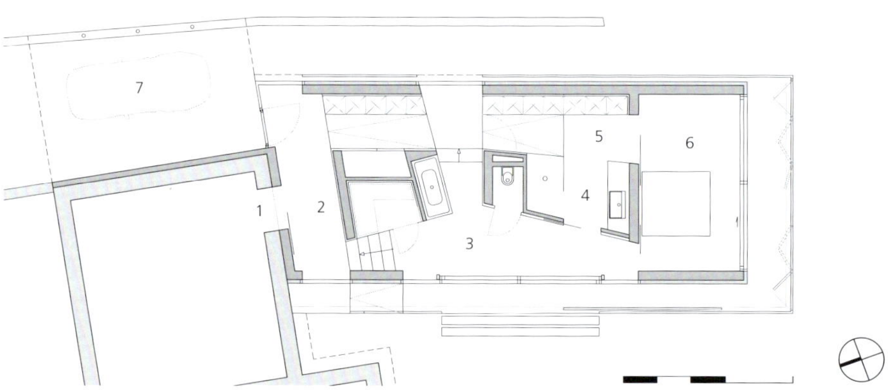

1 Eingang
2 Diele
3 Wellness
4 Bad
5 Ankleide
6 Schlafen
7 Carport

Grundriss

Linke Seite oben Die erhöht angelegte Rampe. Links der Duschbereich und dahinter der Durchblick zum Umgang bei geöffneter Schiebetür

Linke Seite unten Auch im Schlafzimmer sorgen die Lamellen für eine außergewöhnliche Lichtstimmung.

Oben Der Badbereich mit Dusche, Blick Richtung Rampe

WICHTIGES IN KÜRZE

Standort: südliches Burgenland/Österreich
Baufertigstellung: 2010
Grundstücksfläche: 5.852 m²
Wohn- und Nutzfläche: 79 m²
Bruttorauminhalt (BRI): 242 m³
Bauweise: massiv (Stahlbeton, Ziegelmauerwerk) mit Holzleistenfassade
Gesamtkosten brutto (inklusive Honorare, Nebenkosten und Steuern): 130.350 Euro
Kostensenkende Faktoren: kompakter Baukörper, sehr gut nutzbarer, offener Grundriss, fast keine reinen Verkehrsflächen (z.B. Flure), wenige Innenwände und Türen, optimale Platzausnutzung durch gute Stauraumanordnung und Multifunktionalität von Flächen und Einbauten, Abstimmung der Planung auf gute Eignung für Eigenleistung, Einbringung von Eigenleistung (ca. 5 % der Handwerkerleistungen)
Heizenergiebedarf/Jahr: 66 kWh/m² (inkl. Altbestand unsaniert)

175.000 €

WOHNGESCHOSS AUF LEUCHTKUBUS

Haus für einen Single mit Wohnung und großem Abstellbereich

Wezel Architektur und EA&D, Stuttgart

Schon auf den ersten Blick außergewöhnlich in seiner Erscheinung, offenbart das Wohnhaus in einem kleinen Ort bei Tübingen bei näherer Betrachtung auch immense innere Werte. Das Gebäude ist im besten Sinne in schwäbischer Tradition geplant, das heißt in diesem Fall kostenbewusst und nachhaltig. Es will nicht protzen, prunken oder renommieren, sondern geht auf den Kern der Urbehausung zurück, indem das Bauprogramm nur das wirklich Notwendige umfasst. Das bedeutet hier weder Verzicht auf ästhetische noch auf Wohnqualität.

Haus mit zwei Charakteren

Durch seine konsequente Form ohne An- oder Aufbauten und kostentreibende Dachüberstände besitzt das Haus eine hohe gestalterische Einheitlichkeit. Dennoch spiegeln sich die beiden darin untergebrachten Funktionen – unten eine Werkstatt für einen Unimog, oben eine Wohnung – in ihrer Gegensätzlichkeit auch in der äußeren Erscheinung wider. Im Erdgeschoss wurde die Holzständerkonstruktion lediglich mit aus dem Industriebau bekannten Polycarbonatwellplatten verschalt, die gleichzeitig Außenwand- und Fassadenfunktion übernehmen. Das über eine außen liegende und dadurch günstige Treppe erschlossene Wohngeschoss ist mit anthrazitfarbenen Aluminiumwellplatten verkleidet. Bei Tag ergibt sich somit ein Hell-Dunkel-Kontrast zwischen den beiden Ebenen, bei abendlicher Innenbeleuchtung scheint das Obergeschoss auf einem Lichtkörper zu schweben.

Rechte Seite Gesamtansicht mit der außen liegenden Erschließung und der Loggia im Obergeschoss

Großzügig wohnen auf kleinem Raum

Die Erdgeschosshöhe von 4,50 Metern war funktional notwendig, um das Fahrzeug samt dem Ladekran darin unterzubringen, aber dadurch genießt der Bauherr im Obergeschoss auch eine besonders gute Sicht über die umliegenden Gebäude in die Landschaft. Um diese im Blick zu haben, möglichst viel Licht ins Haus zu holen und die nordseitig verlaufende Straße optisch und akustisch auszublenden, ist die Wohnebene ganz nach Süden orientiert, auf den übrigen Seiten befinden sich nur wenige, vergleichsweise kleine Fenster. Dafür ist das Dach über die gesamte Länge des Hauses gezogen und überspannt auf der südlichen Giebelseite auch eine große Terrasse. Die so entstandene intime Loggia ist als Erweiterung des Innenraums gedacht und wird durch die großen Glasflächen nach Süden optisch zu einem Teil des Wohnkontinuums. Auch das Innere selbst lässt durch seine Offenheit die vergleichsweise geringe Fläche vergessen. Nur die Funktionen Schlafen, Bad und Toilette sind in eigenen Räumen untergebracht. Bewusst hat man sich für ein Satteldach entschieden, unter dem die Räume bis zum First geöffnet sind und durch das so gewonnene Volumen erstaunlich groß und auch großzügig wirken.

Mit Selbstdisziplin zum Sparziel

Da der Bauherr zu jeder Zeit voll hinter seiner Low-Budget-Absicht stand, waren für ihn auch die OSB-Platten (Grobspanplatten) an Wänden und Decken – selbst im Badezimmer – kein Problem; vielmehr freut er sich sogar jeden Tag aufs Neue über deren warme Ausstrahlung. Auch beim Boden musste es nichts Besonderes sein, stattdessen bilden einfache Betonplantafeln, die ansonsten für Schalungsarbeiten eingesetzt werden, den Belag. Als einzige Heizquelle fungiert ein mit Stückholz befeuerter, leistungsstarker Kaminofen, der das Wohngeschoss wohlig warm macht. Neben den dadurch extrem geringen Installationskosten für die Heizungsanlage birgt diese Lösung den entscheidenden Vorteil, dass der Bauherr das Brennmaterial einfach und kostenlos aus dem eigenen Wald holen kann. Die Zahl der Steckdosen ist auf das notwendige

Maß abgestimmt, die Leitungsbahnen (Strom, Daten, Wasser und Abwasser) befinden sich in einem einzigen zentralen Versorgungsstrang. Bei all dieser bewussten Bescheidung verwundert es nicht, dass man auch Regenrinnen und Regenfallrohre für überflüssig hielt, da das Niederschlagswasser auf dem Grundstück versickern darf. Positive Nebeneffekte sind in finanzieller Hinsicht, dass hierfür keine Abwassergebühren anfallen und in ökologischer Hinsicht, dass der Vorfluter entlastet wird. Ja, die gezielte Sparsamkeit erstreckte sich sogar bis hin zu den Außenanlagen, wo günstig hergestellte Siebschuttflächen als Hof dienen, ergänzt von einfachen Rasenflächen. So konnte das vorgegebene Budget trotz eines nur sehr geringen Eigenleistungsanteils voll eingehalten werden.

Linke Seite oben Der Werkstattbereich ist aufgrund der Nutzung außergewöhnlich hoch und allseitig mit Polycarbonatplatten umschlossen.

Linke Seite unten Große Oberlichter spenden im Bad und WC weiches Licht anstelle von Fenstern, auf die man hier wegen der nahen Straße verzichtet hat.

Oben Großzügiger Raumeindruck: Der Wohnbereich hat einen dunklen Boden aus Tafeln, die sonst für Betonschalungen verwendet werden, Wände und Decken bestehen aus OSB-Platten. Der Scheitholzofen genügt völlig zur Erwärmung des Wohnraums.

Rechts Zum Nachbargrundstück und zur Loggia sind große Glasflächen eingebaut, die viel Licht in den Raum lassen.

Links Die Außenwände lassen sich teilweise aufschieben, um die Ein- und Ausfahrt des Unimogs zu ermöglichen.

Rechte Seite Gesamtansicht von der Straße am Abend bei Innenbeleuchtung

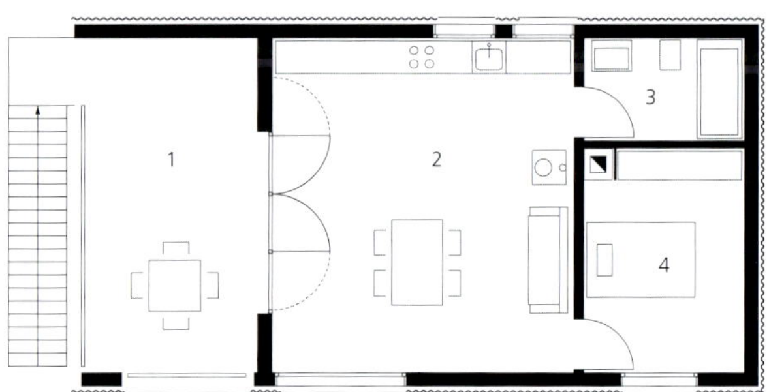

Obergeschoss

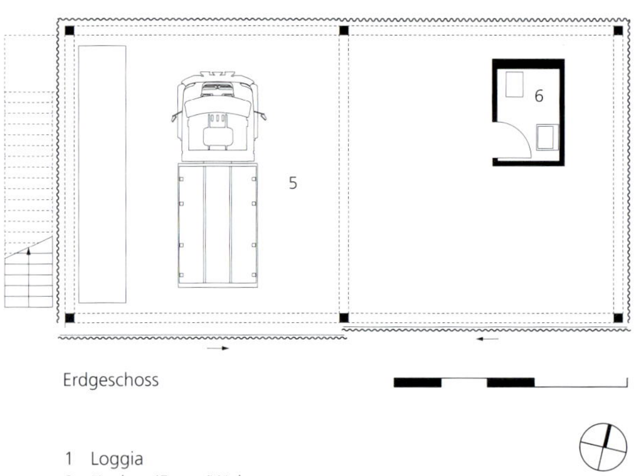

Erdgeschoss

1 Loggia
2 Kochen/Essen/Wohnen
3 Bad
4 Schlafen
5 Werkstatt
6 Hausanschlussraum

WICHTIGES IN KÜRZE

Standort: bei Tübingen/Baden-Württemberg
Baufertigstellung: 2012
Grundstücksgröße: 443 m²
Wohnfläche: 47 m² zuzüglich 17 m² Loggia sowie 67 m² Werkstatt im EG
Bruttorauminhalt (BRI): 693 m³
Bauweise: Holzständer-/Holztafelbau
Gesamtkosten brutto (inklusive Honorare, Nebenkosten und Steuern): ca. 175.000 Euro
Kostensenkende Faktoren: kompakter Baukörper, kompaktes Volumen, konsequente Wahl günstiger, arbeitszeitsparender Konstruktionen und Lösungen (z.B. vereinfachte EG-Fassade ohne Schichtenaufbau, außen liegende Erschließung des OG), kurze Bauzeiten durch hohen Vorfertigungsgrad (Holztafelbauweise), Verzicht auf überflüssige Bauteile (z.B. Dachüberstände, Regenrinnen und -fallrohre), sehr gut nutzbarer, offener Grundriss mit konzentriertem Stauraum, Beschränkung von Nutzflächen auf das unbedingt notwendige Maß, Einsatz günstiger Bauprodukte und Materialien (z.B. Polycarbonatplatten als Außenwände im EG, Betonplantafeln als Bodenbeläge sowie OSB-Platten als Oberflächen an Wänden und Decken im OG, Gitterroste aus verzinktem Stahl für Außentreppe), ein zentraler vertikaler Versorgungsstrang für Haustechnik (Strom, Datenverbindung, Wasser/Abwasser), reduzierte Strominstallation (wenige Steckdosen), Wahl eines günstigen Energiesystems (Kaminofen), ganzheitlich kostensparende Planung, gewissenhafte Steuerung und Kontrolle der Bauabläufe, Einbringung von Eigenleistung (ca. 1,5 % der Handwerkerleistungen) sowie im Vorfeld intensive Suche nach einem preiswerten Baugrundstück
Heizenergiebedarf/Jahr: 67,7 kWh/m²

ANHANG

Hinweis: Die in den Projektkapiteln unter „Wichtiges in Kürze" genannten Kostenangaben verstehen sich als Gesamtkosten brutto, also inklusive Honorare, Nebenkosten und Steuern, zum Zeitpunkt der Errichtung. Nicht enthalten sind Grundstückskosten, Ausstattung und Nebengebäude; abweichende Angaben werden im Einzelfall genannt.

Der Autor steht für Leseranfragen gern zur Verfügung:
Thomas Drexel
Autor Architekturfotograf
Am Fladerlach 7
86316 Friedberg
Tel. 0821 / 6 07 08 74
thomas.drexel@t-online.de

ADRESSEN

Architekten und Planer

arch zwo freie architekten
Joachim Pies
Hansjakobstraße 4 a
79341 Kenzingen
Tel. 07644 / 32 87 17
arch.zwo@online.de

architektur.bayer
Gert Bayer
Körnerstraße 2 a
80460 München
Tel. 089 / 4 48 10 30
www.architektur-bayer.de

Architekt Gerhard Blasisker
Fürstenweg 10
6020 Innsbruck
Humboldtstraße 2 a /
6067 Absam
Österreich
Mobil +43 / (0)676 / 6 04 64 95
www.blasisker.com

Architekturbüro Dauber
Körnerstraße 13
59423 Unna
Tel. 02303 / 77 06 90
www.dauberarchitekten.de

dh architekten/Peter Heinermann
Nigerstraße 2
81675 München
Tel. 089 / 45 22 28 31
www.dh-architekten.com

EA&D
Evers Architektur & Design
Breitscheidstraße 78
70176 Stuttgart
Tel. 0176 / 49 67 07 36
www.e-ad.eu

Architekt Peter Grundmann
Mobil 0163 / 7 33 13 54
petergrundmann@gmx.info
www.petergrundmann.com

Architekt Heino Heine
An den Forellenteichen 11
32457 Porta Westfalica
Tel. 05722 / 9 05 50
www.planheinoheine.de

K2 Architekten
Irmgart Kösters Kai Korth
Ritterstieg 3
37120 Bovenden
Tel. 05594 / 80 48 64
www.k2architekten.de

Krauss Innovation
Ahornstraße 26
88285 Bodnegg-Rotheidlen
Tel. 07520 / 91 42 07
www.design-wohnhaus.de

Morhard Architektur+Sachverständigenbüro
Johannes Morhard Architekt Dipl.-Ing (FH)
Untere Burgbergstraße 24
96215 Lichtenfels Ofr.
Tel. 09571 / 7 43 01
www.moarch.de

orange architekten
Anna Weber und Peter Tschada
Schlesische Straße 31
10997 Berlin
Tel. 030 / 44 04 40 11
www.orange-architekten.de

Architekt Ali Reza Salabian
und **Designerin Razieh Salabian**
Hauptstraße 154
67891 Hochspeyer
Tel. 06305 / 71 53 47
ar.salabian@t-online.de

Robert Sengotta
Alexander-Böhm-Straße 1 b
89312 Günzburg
Mobil 0176 / 31 11 06 97
www.passiv-erdhaus.de

STUDIO WG3
Erjavec-Gumhalter-Reschreiter&Ries OG
Griesgasse 18
8020 Graz
Österreich
Mobil +43 / (0)664 / 88 46 96 71
www.wg3.at

Wezel Architektur
Breitscheidstraße 78
70176 Stuttgart
Tel. 0711 / 51 87 22 77
www.wezelarchitektur.de

Beratung und Förderung

Architektenkammer Niedersachsen
(u.a. Beratung kostengünstiges Bauen)
Laveshaus
Friedrichswall 5
30159 Hannover
Tel. 0511 / 2 80 96-0
www.aknds.de

Bundesamt für Wirtschaft und Ausfuhrkontrolle (BAFA)
(Bauförderungen)
www.bafa.de

Fachagentur Nachwachsende Rohstoffe e.V. (FNR)
(Bauförderungen)
www.fnr.de

Kreditanstalt für Wiederaufbau (KfW)
www.kfw-foerderbank.de

www.baudoc.ch
Informationen zu verschiedensten Bauthemen in der Schweiz

www.bauen.de
Tipps und Hilfe unter anderem zu den Themen Finanzierung, Rechtsfragen und Vertragsgestaltung, Folgekosten, Baugeld-ABC und Finanzierungslexikon

www.baufoerderer.de
Beratungsforum für Bauherren (Baufinanzierung, Bauberatung, Baurecht, Baurechner für Fördermöglichkeiten etc.)

www.baulinks.de
Website mit zahlreichen Links zu Bezugsadressen für Baumaterialien und Baustoffe, Preisangaben für Bauleistungen, Rechenmodellen zur Baukostenschätzung und Förderdatenbank

www.bauordnung.at
Verzeichnis der Bauordnungen der deutschen Bundesländer, der österreichischen Bundesländer und der Schweizer Kantone

www.baurechtscentrum.de
Vertragsmuster- und Vorlagensammlung, Bauherrentipps, Gesetze und Verordnungen zum (kostenpflichtigen) Download

www.bfe.admin.ch/foerderung
Förderübersicht für die Schweiz und Links zu weiterführenden Websites

www.foerderdata.de
Website zu verfügbaren Baufördermitteln

www.heimwerker-webverzeichnis.de
unter anderem zahlreiche Arbeitsanleitungen und Informationen zu nahezu allen Aufgaben beim Hausbau

www.help.gv.at
Behördenübergreifende Plattform zu Amtswegen in Österreich – in der Rubrik »Bauen« unter anderem Informationen zu Baurecht und Bauordnung, Vorbereitung des Hausbaus, finanziellen Förderungen und Beihilfen

www.solarfoerderung.de
Informationen über verfügbare Solarfördermittel

www.swissolar.ch/de/strom-von-der-sonne/foerderung/
Informationen über verfügbare Solarfördermittel in der Schweiz

www.wohnnet.at/wohnbaufoerderungen.htm
Informationen zur Wohnbauförderung in Österreich

Literaturverzeichnis

Thomas Drexel, *Lowest Budget, Häuser unter 125.000 Euro – preisgünstig und attraktiv*, 2. Auflage, München 2008
Thomas Drexel, *Neue Low-BudgetHäuser – Bauen unter 225.000 Euro*, 2. Auflage, München 2011
Thomas Drexel, *Neue Top 100 Häuser, Zeitlos – individuell – preiswert*, 3. Auflage, München 2013
Sandra Hofmeister, *Kostengünstige Einfamilienhäuser unter 1.500 €/m² – Die Besten der Besten – HÄUSER-AWARD*, München 2012
Achim Linhardt, *Attraktiv bauen mit kleinem Budget*, München 2012

Bildnachweis

Fotografien:
Thomas Drexel: S. 19–65, 91–100, 115–125
Heino Heine: S. 67–69
Irmgart Kösters/Kai Korth: S. 71–89
Johannes Morhard: S. 103–109
orange architekten: S. 110–113
Studio wg3: S. 126–143
Wezel Architektur/EA&D: S. 145–149

Die Pläne stammen von den jeweiligen Architekten und Planern.

Dank

Der herzliche Dank des Autors gilt allen Eigentümern, Architekten und Planern der vorgestellten Häuser, deren Mitarbeitsbereitschaft und teils auch ganz praktische Gastfreundschaft das Gelingen des Buches erst möglich gemacht haben. Für das umsichtige Projektmanagement und Lektorat war Sabine Schmid verantwortlich, Andrea Mogwitz erstellte das sehr gelungene Layout. Programmleiter Roland Thomas brachte das Projekt zusammen mit dem Autor auf den Weg.

Impressum

FSC www.fsc.org
MIX
Papier aus verantwortungsvollen Quellen
FSC® C012425

Das für dieses Buch verwendete FSC®-zertifizierte Papier *Profisilk* liefert IGEPA.

1. Auflage

Satz und Layout: Andrea Mogwitz, München
Lithografie: Helio Repro, München
Druck und Bindung: Offizin Andersen Nexö, Leipzig
Printed in Germany
ISBN 978-3-421-03811-1

www.dva.de